BESTACTIVITYBOOKS.COM

PRIMA EDIZIONE 2022

Illustrazione Grafica Extra: www.freepik.com
Grazie a Alekksall, Starline, Pch.vector, Rawpixel.com,
Vectorpocket, Dgim-studio, Upklyak, Macrovector,
Stockgiu, Pikisuperstar & Freepik.com Designers

5 CONSIGLI PER INIZIARE

1) COME RISOLVERE LE PAROLE INTRECCIATTE

I puzzle hanno un formato classico:

- Le parole sono nascoste senza spazi o trattini,...
- Orientamento: Le parole possono essere scritte in avanti, indietro, verso l'alto, verso il basso o in diagonale (possono essere invertite).
- Le parole possono sovrapporsi o intersecarsi.

2) APPRENDIMENTO ATTIVO

Accanto ad ogni parola c'è uno spazio per scrivere la traduzione. Per incoraggiare l'apprendimento attivo, un **DIZIONARIO** alla fine di questa edizione vi permetterà di controllare e ampliare le vostre conoscenze. Cerca e scrivi le traduzioni, trovale nel puzzle e aggiungile al tuo vocabolario!

3) SEGNARE LE PAROLE

Puoi inventare il tuo sistema di segni. Forse ne usi già uno? Per esempio, puoi segnare le parole difficili da trovare con una croce, le parole preferite con una stella, le parole nuove con un triangolo, le parole rare con un diamante, e così via.

4) STRUTTURARE L'APPRENDIMENTO

Questa edizione offre un **TACCUINO** alla fine del libro. In vacanza, in viaggio o a casa, puoi organizzare facilmente le tue nuove conoscenze senza bisogno di un secondo quaderno!

5) AVETE FINITO TUTTE LE GRIGLIE?

Nelle ultime pagine di questo libro, nella sezione della **SFIDA FINALE**, troverete un gioco gratuito!

Facile e veloce! Dai un'occhiata alla nostra collezione di libri di attività per il tuo prossimo momento di divertimento e **apprendimento,** a portata di clic!

Trova la tua prossima sfida su:

BestActivityBooks.com/MioProssimoLibro

Ai vostri posti, pronti...Via!

Sapevi che ci sono circa 7.000 lingue diverse nel mondo? Le parole sono preziose.

Amiamo le lingue e abbiamo lavorato duramente per creare libri di altissima qualità. I nostri ingredienti?

Una selezione di argomenti adatti all'apprendimento, tre buone porzioni di intrattenimento, una cucchiaiata di parole difficili e una spolverata di parole rare. Li serviamo con amore e entusiasmo in modo che tu possa risolvere i migliori giochi di parole e divertirti imparando!

La vostra opinione è essenziale. Puoi partecipare attivamente al successo di questo libro lasciandoci un commento. Ci piacerebbe sapere cosa ti è piaciuto di più di questa edizione.

Ecco un link veloce alla pagina dell'ordine:

<u>BestBooksActivity.com/Recensione50</u>

Grazie per il vostro aiuto e buon divertimento!

Tutta la squadra

1 - Salute e Benessere #2

M	C	I	N	I	N	F	E	K	S	J	O	N	B
V	A	G	N	I	R	E	R	D	Y	H	E	D	L
F	E	S	U	H	E	K	Y	S	E	R	F	S	O
O	B	K	S	U	A	R	N	O	N	P	F	C	D
R	Z	K	T	A	K	X	N	C	E	S	M	A	N
D	I	I	O	X	S	K	F	Q	R	E	Z	P	H
Ø	T	T	E	I	D	J	Q	L	G	N	Z	P	J
Y	B	E	R	I	B	H	E	D	I	E	S	E	Y
E	F	N	N	A	L	L	E	R	G	I	Y	T	K
L	C	E	Æ	N	P	E	W	V	H	G	K	I	A
S	Y	G	R	C	P	S	U	U	N	Y	D	T	L
E	T	P	I	M	O	T	A	N	A	H	O	T	O
X	W	O	N	B	R	D	K	Q	T	W	M	H	R
T	G	Y	G	F	K	V	I	T	A	M	I	N	I

ALLERGI
ANATOMI
APPETITT
KALORI
KROPP
DIETT
FORDØYELSE
DEHYDRERING
ENERGI
GENETIKK
HYGIENE
INFEKSJON
SYKDOM
MASSASJE
ERNÆRING
SYKEHUS
VEKT
BLOD
SUNN
VITAMIN

2 - Aggettivi #2

N	B	R	U	F	P	Z	U	A	P	N	M	V	I
E	A	O	O	Q	L	E	B	N	T	K	Y	I	N
R	H	T	V	K	E	D	E	S	S	A	L	T	T
K	M	N	U	K	Q	N	R	V	V	O	A	K	E
R	J	A	S	R	C	E	Ø	A	D	X	M	U	R
E	N	G	U	E	L	V	M	R	Y	Q	R	D	E
A	K	E	N	T	R	I	T	L	X	I	O	O	S
T	H	L	N	S	B	R	G	I	K	G	N	R	S
I	J	E	V	B	H	K	I	G	H	I	T	P	A
V	T	Ø	R	R	M	S	S	U	L	T	E	N	N
S	K	U	I	Y	A	E	S	T	O	L	T	A	T
V	H	O	Z	N	J	B	K	G	D	R	Ø	L	C
Z	H	L	N	A	U	T	E	N	T	I	S	K	R
U	M	A	D	R	A	M	A	T	I	S	K	L	N

SULTEN
TØRR
AUTENTISK
KREATIV
BESKRIVENDE
SØT
DRAMATISK
ELEGANT
BERØMT
STERK
INTERESSANT
NATURLIG
NORMAL
NY
STOLT
PRODUKTIV
REN
ANSVARLIG
SALT
SUNN

3 - Pesca

U	F	F	V	N	V	B	D	I	T	S	R	Å	K
T	J	I	K	F	L	J	L	D	N	A	R	T	S
S	G	N	I	N	D	E	L	S	W	N	E	E	B
T	V	N	D	O	V	R	U	K	N	H	S	S	S
Y	A	E	K	P	E	E	A	E	Z	B	Y	J	J
R	N	N	A	G	N	L	K	K	J	E	V	E	Ø
D	N	E	I	J	N	U	V	T	P	K	O	V	I
F	V	M	W	V	S	Z	K	Å	L	Q	N	Z	N
H	J	A	L	P	Q	L	O	B	Y	Q	K	G	J
G	J	E	L	L	E	R	K	Y	C	H	R	J	L
H	Q	L	J	S	E	X	K	G	C	K	O	I	R
T	Å	L	M	O	D	I	G	H	E	T	K	M	M
H	A	V	J	R	Y	I	L	W	P	I	A	E	T
O	V	E	R	D	R	I	V	E	L	S	E	P	M

VANN
UTSTYR
BÅT
GJELLER
KURV
KOKK
OVERDRIVELSE
AGN
LEDNING
ELV
KROK
INNSJØ
KJEVE
HAV
TÅLMODIGHET
VEKT
FINNENE
STRAND
ÅRSTID

4 - Ingegneria

B	L	Å	M	B	A	D	L	O	G	O	O	H	D
D	E	Z	E	X	K	U	Y	V	X	J	M	D	I
I	K	R	V	Æ	S	K	E	B	U	N	Q	D	A
E	N	R	E	T	E	M	A	I	D	N	E	I	G
S	I	M	D	G	W	X	J	U	U	E	N	S	R
E	V	O	Y	C	N	A	K	S	E	R	E	T	A
L	O	T	S	W	Q	I	D	G	Q	S	R	R	M
X	Y	O	I	O	B	B	N	N	H	P	G	I	H
P	S	R	R	A	W	V	Z	G	L	A	I	B	M
S	T	A	B	I	L	I	T	E	T	K	W	U	A
R	O	T	A	S	J	O	N	M	H	E	L	S	S
Y	F	W	W	S	T	Y	R	K	E	R	L	J	K
K	O	N	S	T	R	U	K	S	J	O	N	O	I
F	R	E	M	D	R	I	F	T	B	D	N	N	N

VINKEL
AKSER
BEREGNING
KONSTRUKSJON
DIAGRAM
DIAMETER
DIESEL
DISTRIBUSJON
ENERGI
STYRKE

SPAKER
VÆSKE
MASKIN
MÅL
MOTOR
DYBDE
FREMDRIFT
ROTASJON
STABILITET

5 - Archeologia

I	E	H	N	K	N	I	S	J	G	Y	B	H	G
T	R	E	P	S	K	E	A	N	A	L	Y	S	E
M	E	G	Q	T	N	E	J	K	U	G	R	A	V
E	K	A	W	E	I	V	K	I	L	E	R	A	O
L	S	R	M	M	B	J	Y	Y	W	R	B	Z	B
G	R	Æ	O	P	W	E	X	Z	G	Z	Y	Z	J
V	O	I	J	E	K	K	I	M	A	R	E	K	E
T	F	Z	J	L	U	T	E	N	R	Z	Q	D	K
L	Q	E	J	P	R	O	F	E	S	S	O	R	T
I	A	Q	Y	U	A	N	T	I	K	K	E	N	E
S	I	V	I	L	I	S	A	S	J	O	N	Z	R
S	D	V	M	Y	S	T	E	R	I	U	M	I	J
O	Y	E	T	T	E	R	K	O	M	M	E	R	R
F	V	U	R	D	E	R	I	N	G	P	N	C	L

ANALYSE
ANTIKKEN
KERAMIKK
SIVILISASJON
GLEMT
ETTERKOMMER
ÆRA
EKSPERT
FOSSILT
MYSTERIUM

OBJEKTER
BEIN
PROFESSOR
RELIKVIE
FORSKER
UKJENT
TEAM
TEMPEL
GRAV
VURDERING

6 - Salute e Benessere #1

H	O	R	M	O	N	E	R	Q	Z	B	X	A	P
N	S	M	C	R	D	G	L	D	K	X	Z	G	H
L	R	H	S	E	B	N	I	S	I	D	E	M	U
A	K	T	I	V	E	I	R	E	T	K	A	B	D
V	N	D	X	R	K	L	B	R	U	D	D	Z	A
P	W	F	V	E	K	D	E	D	Y	Ø	H	F	V
H	O	L	D	N	I	N	G	G	L	Q	A	U	S
S	U	R	I	V	N	A	O	P	E	N	A	V	L
G	U	I	B	C	I	H	Z	E	D	T	O	T	A
K	F	L	F	R	L	E	Z	S	L	V	U	M	P
N	T	N	T	K	K	B	T	E	R	A	P	I	N
M	U	S	K	L	E	R	A	P	O	T	E	K	I
R	E	F	L	E	K	S	F	O	T	Z	A	L	N
K	I	E	K	E	P	Y	P	O	W	Q	R	V	G

VANE
HØYDE
AKTIV
BAKTERIE
KLINIKK
SULT
APOTEK
BRUDD
MEDISIN
LEGE

MUSKLER
NERVER
HORMONER
HUD
HOLDNING
REFLEKS
AVSLAPNING
TERAPI
BEHANDLING
VIRUS

7 - Aggettivi #1

I	V	V	V	S	T	O	R	T	A	M	H	H	Q
A	D	U	D	I	R	M	O	D	E	R	N	E	U
R	V	E	U	L	K	K	Y	U	S	V	M	N	K
O	E	F	N	H	K	T	T	U	L	O	S	B	A
M	R	Q	E	T	S	M	I	T	U	N	G	U	Y
A	D	U	K	A	I	O	Q	G	I	L	R	Æ	A
T	I	R	S	M	R	S	Ø	R	E	N	E	J	S
I	F	E	O	B	E	G	K	P	A	V	J	U	T
S	U	N	T	I	N	N	M	E	G	K	N	N	Y
K	L	O	I	S	T	A	C	R	G	N	T	O	N
K	L	R	S	I	S	L	L	F	U	N	G	I	N
C	P	M	K	Ø	N	K	Q	E	L	A	N	G	V
D	H	Y	B	S	U	M	T	K	X	I	F	F	I
D	L	U	W	U	K	K	C	T	Z	A	N	B	H

AMBISIØS
AROMATISK
KUNSTNERISK
ABSOLUTT
AKTIV
ENORM
EKSOTISK
SJENERØS
UNG
STOR
IDENTISK
VIKTIG
LANGSOM
LANG
MODERNE
ÆRLIG
PERFEKT
TUNG
VERDIFULL
TYNN

8 - Geologia

C	J	M	B	B	J	B	Z	N	F	T	L	K	T
A	H	T	W	A	D	L	M	L	W	V	L	V	L
T	J	P	Y	V	K	B	U	A	A	L	A	A	I
S	T	A	L	A	G	M	I	T	T	E	R	R	S
G	F	N	F	L	A	S	S	S	C	J	O	T	S
P	E	P	E	G	L	Y	L	Y	W	K	K	S	O
U	L	Y	X	N	L	R	A	R	X	S	F	J	F
J	U	G	S	C	I	E	K	C	X	D	B	U	F
E	H	Z	N	I	E	T	S	G	E	R	R	N	C
V	R	E	L	A	R	E	N	I	M	O	F	Z	Y
E	R	O	S	J	O	N	E	O	T	J	C	K	T
P	L	A	T	Å	S	N	L	W	K	F	C	F	H
K	Z	Y	E	B	V	U	L	K	A	N	S	G	I
S	T	A	L	A	K	T	I	T	T	P	T	Y	L

SYRE
PLATÅ
KALSIUM
HULE
KONTINENT
KORALL
CRYSTAL
EROSJON
FOSSILT
GEYSIR
LAVA
MINERALER
STEIN
KVARTS
SALT
STALAGMITTER
STALAKTITT
LAG
JORDSKJELV
VULKAN

9 - Campeggio

B	P	Q	E	G	K	P	L	U	X	V	K	N	L
R	J	M	N	J	A	U	P	W	J	K	R	E	L
A	S	Z	T	J	N	V	S	I	E	X	S	V	D
N	L	H	B	S	O	Ø	O	I	A	N	K	E	O
N	P	L	U	C	X	J	K	S	K	O	G	N	T
K	O	M	P	A	S	S	H	E	S	O	U	T	O
N	A	T	U	R	T	N	F	Y	X	C	L	Y	R
M	Å	N	E	E	R	N	Q	Ø	T	F	L	R	N
K	D	Y	R	K	A	I	M	K	K	T	L	H	M
L	X	Y	I	E	K	L	Y	E	E	K	E	A	O
J	O	G	R	Æ	R	T	X	G	S	A	J	T	R
E	P	Q	Q	I	H	L	S	N	N	J	F	T	O
D	V	Y	X	U	C	E	A	E	I	T	H	M	G
A	A	X	X	S	W	T	M	H	I	Z	N	T	X

TRÆR
HENGEKØYE
DYR
EVENTYR
KOMPASS
HYTTE
JAKT
KANO
HATT
TAU
MORO
SKOG
BRANN
INSEKT
INNSJØ
MÅNE
KART
FJELL
NATUR
TELT

10 - Arti Visive

N	K	U	P	X	Q	P	S	F	A	E	U	M	E
K	R	H	E	A	I	F	A	R	G	O	T	O	F
O	E	R	N	T	L	R	M	L	I	F	W	V	I
J	A	A	N	T	L	Y	M	K	M	I	P	I	J
S	T	K	R	E	V	R	E	T	S	E	M	I	L
T	I	S	K	R	R	G	N	O	L	B	A	J	S
A	V	K	E	T	A	I	S	B	L	Y	A	N	T
F	I	U	R	R	R	T	E	L	K	L	F	G	L
F	T	L	A	O	T	P	T	L	A	D	P	C	V
E	E	P	M	P	I	E	N	V	M	K	T	M	O
L	T	T	I	U	S	G	I	M	G	N	K	V	K
I	Q	U	K	S	T	O	N	K	R	I	T	T	S
C	A	R	K	C	M	X	G	K	U	L	L	Q	F
P	E	R	S	P	E	K	T	I	V	H	K	G	G

LEIRE
ARTIST
MESTERVERK
KULL
STAFFELI
VOKS
KERAMIKK
SAMMENSETNING
KREATIVITET
FILM
FOTOGRAFI
KRITT
BLYANT
PENN
PERSPEKTIV
PORTRETT
SKULPTUR
SJABLONG
LAKK

11 - Tempo

M	I	D	D	A	G	S	T	I	D	L	K	W	I
U	Y	Z	L	S	G	A	F	Z	M	Y	P	J	B
S	B	S	U	N	S	V	R	E	T	T	E	S	P
L	B	G	I	A	R	Q	E	K	F	Ø	R	K	Y
Q	D	A	G	R	L	D	M	U	X	X	Å	O	P
Q	D	X	H	T	T	V	T	K	V	U	I	Y	Q
T	N	E	G	R	O	M	I	K	K	A	T	L	R
D	L	A	H	K	R	J	D	E	D	W	T	I	R
E	Y	Q	T	M	Å	N	E	D	J	Q	U	P	B
Å	C	L	B	T	T	I	M	E	H	V	N	F	D
E	R	D	N	U	H	R	Å	L	P	S	I	U	W
U	Å	L	Y	W	Å	I	D	A	G	K	M	G	C
E	G	C	I	R	U	R	K	L	O	K	K	E	O
W	I	T	A	G	K	A	L	E	N	D	E	R	F

ÅR
ÅRLIG
KALENDER
TIÅR
ETTER
FREMTID
DAG
I GÅR
MORGEN
MÅNED
MIDDAGSTID
MINUTT
NATT
I DAG
TIME
KLOKKE
SNART
FØR
ÅRHUNDRE
UKE

12 - Astronomia

N	A	A	D	H	Q	P	T	S	J	Z	R	V	O
K	V	E	D	I	O	R	E	T	S	A	A	A	B
E	O	R	L	X	P	G	L	R	E	G	K	T	S
Q	N	N	E	Y	P	E	E	Å	T	A	E	Y	E
U	R	S	S	D	S	H	S	L	U	L	T	N	R
I	E	U	O	T	K	J	K	I	A	A	T	G	V
N	P	H	Q	X	E	B	O	N	N	X	K	D	A
O	U	A	L	U	J	L	P	G	O	Y	O	E	T
X	S	R	A	A	S	E	L	U	R	O	S	K	O
M	O	N	O	R	T	S	A	A	T	E	M	R	R
X	M	Å	N	E	I	Y	K	T	S	N	O	A	I
T	D	F	Z	Y	T	T	Q	H	A	J	S	F	U
P	L	A	N	E	T	E	J	O	R	D	O	T	M
A	O	V	M	W	L	E	M	M	I	H	H	N	P

ASTEROIDE
ASTRONAUT
ASTRONOM
HIMMEL
KOSMOS
KONSTELLASJON
EQUINOX
GALAXY
TYNGDEKRAFT
MÅNE
METEOR
OBSERVATORIUM
PLANET
STRÅLING
RAKETT
SUPERNOVA
TELESKOP
JORD

13 - Circo

A	Q	G	I	I	B	J	T	S	O	C	O	N	Z
A	K	K	I	S	U	M	M	J	B	Q	Z	E	E
D	G	R	B	A	W	D	F	O	U	Y	O	D	R
Y	B	Y	O	B	C	W	T	N	A	F	E	L	E
R	O	R	R	B	J	V	L	G	B	B	D	O	V
T	I	G	E	R	A	R	E	L	A	I	A	H	Ø
E	A	V	K	E	F	T	T	Ø	L	L	R	R	L
L	O	S	I	U	W	D	F	R	L	L	A	E	B
M	N	S	G	K	T	K	H	F	O	E	P	D	Q
K	Q	S	A	S	R	N	Q	K	N	T	B	N	A
G	L	A	M	L	I	I	Z	M	G	T	Y	U	M
X	B	O	D	I	K	W	N	H	E	P	A	R	A
P	Y	A	V	T	S	J	M	T	R	U	G	H	G
I	V	H	I	N	K	O	S	T	Y	M	E	S	I

AKROBAT
DYR
BILLETT
KLOVN
KOSTYME
ELEFANT
SJONGLØR
UNDERHOLDE
LØVE
MAGI

MAGIKER
MUSIKK
BALLONGER
PARADE
APE
TILSKUER
TELT
TIGER
TRIKS

14 - Algebra

Q	T	L	U	Z	P	Y	Y	Z	N	K	C	B	F
L	E	B	A	I	R	A	V	R	U	M	P	R	O
E	D	T	I	I	O	N	D	Y	M	C	A	Ø	R
S	K	K	T	K	B	K	V	E	M	D	J	K	E
I	S	S	L	U	L	D	M	X	E	A	X	D	N
R	F	L	P	S	E	T	N	E	R	A	P	E	K
T	S	A	F	O	M	A	R	G	A	I	D	L	L
A	L	F	Y	M	N	O	J	S	I	V	I	D	E
M	F	I	W	S	L	E	M	R	O	F	P	K	H
I	C	A	G	R	Æ	E	N	I	L	B	H	H	V
N	S	V	K	N	Q	W	F	T	N	U	L	L	B
J	U	F	M	T	I	U	E	N	D	E	L	I	G
I	M	D	F	B	O	N	L	Ø	S	N	I	N	G
J	K	F	T	E	D	R	G	Y	X	A	W	A	D

DIAGRAM
DIVISJON
LIGNING
EKSPONENT
FALSK
FAKTOR
FORMEL
BRØKDEL
UENDELIG
LINEÆR
MATRISE
NUMMER
PARENTES
PROBLEM
FORENKLE
LØSNING
SUM
VARIABEL
NULL

15 - Mitologia

U	H	J	M	S	N	O	Y	I	D	T	R	X	H
V	U	Y	G	A	F	Y	W	P	Ø	G	R	C	Q
Z	J	A	G	G	G	P	O	C	D	N	E	O	U
Y	K	Z	S	F	X	I	Y	F	E	I	T	O	D
I	Y	R	L	T	N	Q	S	T	L	N	S	X	Ø
A	R	K	E	T	Y	P	E	K	I	P	N	T	D
L	E	I	S	K	L	H	B	G	G	A	O	P	E
E	G	O	R	T	R	U	T	L	U	K	M	T	L
G	I	H	Ø	R	X	Y	J	B	U	S	I	O	I
E	R	E	F	W	G	I	T	X	F	Y	S	R	G
N	K	V	P	F	I	X	S	S	A	T	Q	D	H
D	H	N	P	Y	S	J	A	L	U	S	I	E	E
E	J	T	O	H	E	L	T	O	I	P	M	N	T
K	A	T	A	S	T	R	O	F	E	Y	A	Y	D

ARKETYPE
OPPFØRSEL
SKAPNING
TRO
KULTUR
KATASTROFE
HELT
STYRKE
LYN
SJALUSI
KRIGER
UDØDELIGHET
LEGENDE
MAGISK
DØDELIG
MONSTER
TORDEN
HEVN

16 - Piante

K	R	E	V	V	Ø	L	M	X	S	F	K	G	V
G	R	Æ	B	J	G	T	O	R	K	L	U	M	E
N	C	O	S	V	N	S	S	Y	O	O	N	Y	G
F	E	V	N	X	S	U	E	H	G	R	L	W	E
B	M	Z	E	B	K	T	H	A	N	A	F	U	T
O	T	U	U	O	L	K	W	G	T	W	B	G	A
T	E	A	S	G	Y	A	Q	E	R	R	V	R	S
A	B	S	K	N	J	K	D	L	E	Q	L	E	J
N	B	O	B	X	P	Ø	B	Ø	N	N	E	S	O
I	U	V	M	A	K	T	D	R	F	N	C	S	N
K	S	O	X	U	M	D	T	S	M	O	L	B	E
K	K	K	R	R	L	B	T	N	E	Q	Z	W	F
I	N	S	U	U	S	I	U	M	B	L	A	I	Ø
U	U	E	T	G	Q	G	R	S	Z	Q	E	L	Y

TRE
BÆR
BAMBUS
BOTANIKK
KAKTUS
BUSK
VOKSE
EFØY
GRESS
BØNNE

GJØDSEL
BLOMST
FLORA
LØVVERK
SKOG
HAGE
MOSE
KRONBLAD
ROT
VEGETASJON

17 - Spezie

S	I	N	A	X	S	I	R	K	A	L	K	P	K
P	C	Q	H	U	A	Z	E	A	F	Q	A	B	O
I	V	V	X	N	F	A	M	A	C	Z	N	H	R
S	K	G	Q	J	R	L	M	Y	R	E	E	V	I
S	R	Z	K	B	A	D	O	S	Æ	J	L	A	A
K	U	L	V	X	N	S	M	Q	F	L	J	S	N
U	D	E	G	U	R	K	E	M	E	I	E	A	D
M	H	K	L	Y	D	W	D	A	G	N	J	L	E
M	V	I	A	Ø	J	D	R	S	N	A	V	T	R
E	I	N	C	R	K	E	A	Ø	I	V	N	V	E
N	T	N	G	H	R	H	K	T	A	K	S	U	M
R	L	E	E	B	F	I	P	E	P	P	E	R	H
T	Ø	F	B	I	T	T	E	R	D	E	I	L	I
V	K	V	T	H	N	P	A	P	R	I	K	A	V

HVITLØK
BITTER
ANIS
KANEL
KARDEMOMME
LØK
KORIANDER
SPISSKUMMEN
GURKEMEIE
KARRI
SØT
FENNIKEL
LAKRIS
MUSKAT
PAPRIKA
PEPPER
SALT
VANILJE
SAFRAN
INGEFÆR

18 - Numeri

F	E	M	T	E	N	Y	Z	S	G	I	K	S	O
K	P	F	H	Z	E	C	N	O	Y	W	O	Y	E
N	K	Q	T	T	T	T	I	B	U	X	H	T	Q
V	W	N	O	W	T	H	T	K	K	F	E	T	E
Q	Y	Y	D	T	A	K	L	A	M	I	S	E	D
U	K	I	C	I	I	W	Q	R	M	A	N	N	Z
V	Y	U	O	E	M	W	S	T	R	E	Q	E	B
F	J	O	R	T	E	N	Y	O	P	X	B	T	V
S	E	K	S	T	E	N	V	L	O	T	U	T	Y
B	E	M	M	Å	F	R	S	B	I	G	L	I	O
S	Z	Y	E	U	I	A	I	T	J	K	L	N	B
L	E	F	E	M	K	N	N	F	T	J	U	E	I
S	Y	K	L	R	P	R	V	H	K	N	N	M	P
B	V	A	S	R	Y	C	T	R	E	T	T	E	N

FEM
DESIMAL
NITTEN
SYTTEN
ATTEN
TI
TOLV
TO
NI
ÅTTE

FJORTEN
FIRE
FEMTEN
SEKSTEN
SEKS
SYV
TRE
TRETTEN
TJUE
NULL

19 - Guida

S	H	Q	V	D	L	L	I	S	E	N	S	H	B
S	M	U	B	R	E	M	S	E	R	E	H	O	R
R	V	O	M	K	K	I	M	B	A	F	S	N	E
E	B	P	C	A	K	T	B	O	F	X	P	A	N
G	S	I	N	R	Y	I	U	Q	T	C	F	M	S
N	K	E	L	T	S	L	D	N	C	O	V	B	E
E	Z	V	V	E	R	O	D	Y	N	O	R	U	L
J	S	P	Q	H	O	P	J	N	Q	E	B	S	T
G	A	S	S	R	T	I	S	O	U	J	L	S	R
T	I	A	E	E	O	Y	Q	S	S	S	I	Z	A
O	T	O	K	K	M	I	X	R	E	A	Z	S	F
F	P	H	E	K	K	Y	L	U	K	R	U	B	I
T	E	H	G	I	T	S	A	H	U	A	Z	J	K
T	R	O	P	S	N	A	R	T	I	G	W	I	K

BIL
BUSS
BRENSEL
BREMSER
GARASJE
GASS
ULYKKE
LISENS
KART
MOTORSYKKEL

MOTOR
FOTGJENGER
FARE
POLITI
SIKKERHET
VEI
TRAFIKK
TRANSPORT
TUNNEL
HASTIGHET

20 - I Media

D	Q	V	H	E	M	Q	A	A	K	J	D	T	E
I	N	E	T	T	V	E	R	K	O	A	G	T	X
G	X	H	R	O	W	L	C	L	M	P	P	O	K
I	L	L	E	I	S	R	E	M	M	O	K	J	R
T	O	L	S	T	S	K	E	T	U	K	O	L	I
A	K	G	N	I	R	E	I	S	N	A	N	I	F
L	A	I	O	Y	Z	W	T	D	I	O	V	N	I
T	L	L	N	N	Y	O	T	I	K	X	C	B	N
R	U	T	N	R	T	V	E	V	A	G	T	U	D
A	G	N	A	E	E	F	N	I	S	D	I	Q	U
D	S	E	T	S	J	D	I	D	J	C	F	V	S
I	R	F	K	I	S	V	L	N	O	Y	P	A	T
O	V	F	A	V	C	G	N	I	N	E	M	N	R
Q	A	O	F	A	L	V	O	Z	B	V	W	N	I

KOMMERSIELL
KOMMUNIKASJON
DIGITALT
UTGAVE
FAKTA
FINANSIERING
BILDER
AVISER
INDIVID
INDUSTRI
LOKAL
ONLINE
MENING
ANNONSER
OFFENTLIG
RADIO
NETTVERK
TV

21 - Forza e Gravità

M	B	A	N	E	V	M	O	D	T	U	H	R	A
Z	A	H	F	Y	N	J	N	Y	I	N	Q	E	V
L	I	G	W	F	H	D	H	N	D	I	Z	P	S
K	K	I	N	A	K	E	M	A	J	V	F	A	T
T	G	A	O	E	U	F	E	M	R	E	S	K	A
K	E	M	J	S	T	S	V	I	U	R	E	S	N
B	R	T	S	L	X	I	O	S	P	S	Q	N	D
I	E	E	K	E	R	P	S	K	N	E	D	E	H
V	T	K	I	G	S	R	O	M	H	L	K	G	C
R	E	J	R	E	S	E	E	P	E	L	R	E	E
X	N	K	F	V	E	S	L	E	D	I	V	T	U
N	A	J	T	E	I	S	F	Y	S	I	K	K	D
J	L	B	Q	B	S	E	N	T	R	U	M	Z	M
O	P	P	D	A	G	E	L	S	E	D	F	Y	V

AKSER
FRIKSJON
SENTRUM
DYNAMISK
AVSTAND
UTVIDELSE
FYSIKK
MAGNETISME
MEKANIKK
BEVEGELSE
BANE
VEKT
PLANETER
PRESS
EGENSKAPER
OPPDAGELSE
TID
UNIVERSELL

22 - Uccelli

O	B	K	E	K	Å	M	N	N	P	X	P	O	E
Y	S	X	U	V	R	P	A	I	I	O	E	B	G
Z	T	F	D	A	N	D	E	M	N	C	L	J	R
S	O	U	U	E	H	R	Y	N	G	I	I	L	E
V	R	H	I	D	G	B	Ø	D	V	B	K	G	E
A	K	M	X	E	I	S	G	S	I	Q	A	A	K
N	K	O	G	Q	U	X	E	T	N	T	N	R	Ø
E	L	G	U	F	Å	P	P	R	S	P	U	R	V
N	Y	N	X	E	L	F	A	U	G	G	E	O	C
Q	O	I	M	Z	Z	E	P	T	Å	E	J	H	U
K	I	M	U	S	N	A	P	S	S	S	H	Ø	P
V	X	A	V	N	P	T	O	U	C	A	N	U	K
K	Y	L	L	I	N	G	U	H	S	A	O	H	R
Q	T	F	O	Z	G	E	Z	V	F	B	S	P	W

HEGRE
AND
ØRN
STORK
SVANEN
GJØK
HAUK
FLAMINGO
MÅKE
GÅS

PAPEGØYE
SPURV
PÅFUGL
PELIKAN
DUE
PINGVIN
KYLLING
STRUTS
TOUCAN
EGG

23 - Giorni e Mesi

K	B	X	M	N	K	D	M	P	W	T	P	A	Z
N	O	L	Å	O	A	R	E	B	O	T	K	O	I
F	K	Z	N	W	L	Z	I	S	Z	N	A	M	V
J	S	P	E	K	E	G	A	D	E	R	F	N	C
U	X	I	D	Q	N	O	U	I	L	M	T	X	G
N	X	W	G	A	D	N	A	M	Q	O	B	O	Q
I	L	U	J	W	E	A	U	G	U	S	T	E	U
E	L	H	U	S	R	A	U	R	B	E	F	P	R
F	X	O	D	K	Ø	N	A	Å	I	G	J	C	J
L	B	H	F	J	E	N	A	N	H	L	R	Y	A
T	S	C	W	D	G	A	D	S	R	I	T	M	N
O	N	S	D	A	G	F	G	A	D	R	Ø	L	U
S	E	P	T	E	M	B	E	R	G	P	P	S	A
F	Q	N	O	V	E	M	B	E	R	A	O	U	R

AUGUST
ÅR
APRIL
KALENDER
DESEMBER
SØNDAG
FEBRUAR
JANUAR
JUNI
JULI
MANDAG
TIRSDAG
ONSDAG
MÅNED
NOVEMBER
OKTOBER
LØRDAG
SEPTEMBER
UKE
FREDAG

24 - Casa

P	Z	R	V	K	R	A	N	J	P	T	T	W	U
T	E	E	E	P	M	A	L	F	B	E	S	A	T
Y	O	W	G	O	V	W	P	M	N	P	W	U	K
U	F	U	G	M	L	I	L	P	C	P	A	K	L
W	M	S	B	I	U	V	N	O	P	E	G	U	J
I	P	Y	F	C	G	N	B	D	F	Q	J	N	D
K	O	S	T	S	P	E	I	L	U	T	E	U	D
H	G	W	Z	I	O	K	E	J	S	A	R	A	G
K	O	C	R	E	J	K	Z	E	N	S	D	A	S
D	Ø	R	J	P	M	Ø	K	Y	Ø	D	E	B	S
H	E	B	Z	I	P	J	K	R	K	D	U	S	J
Z	O	M	S	V	M	K	F	P	L	F	Z	T	R
B	I	B	L	I	O	T	E	K	E	G	A	H	K
M	A	V	T	C	R	F	O	X	R	F	P	O	E

LOFT
BIBLIOTEK
ROM
PEIS
NØKLER
KJØKKEN
DUSJ
VINDU
GARASJE
HAGE
LAMPE
VEGG
GULV
DØR
GJERDE
KRAN
KOST
SPEIL
TEPPE
TAK

25 - Ristorante #1

K	K	V	X	T	U	O	A	M	Q	U	M	S	D
Y	A	A	C	U	M	F	H	L	R	Y	E	A	N
L	S	T	K	A	F	F	E	B	L	G	N	U	O
L	S	E	A	C	K	G	P	R	V	E	Y	S	O
I	E	R	Y	L	R	N	A	Ø	R	O	R	R	P
N	R	D	K	O	L	G	K	D	D	L	Y	G	R
G	E	Y	J	B	M	E	I	H	M	I	J	A	I
D	R	R	M	E	Q	C	R	B	O	L	L	E	T
N	E	K	K	Ø	J	K	H	K	J	S	A	H	G
N	H	S	S	D	P	Z	S	U	E	A	M	U	Y
U	X	Y	S	M	U	K	N	I	V	N	A	A	A
C	S	P	S	E	A	I	D	S	T	Z	T	C	L
D	D	V	G	K	R	S	E	R	V	I	T	Ø	R
M	T	U	Y	D	O	T	T	Ø	J	K	N	J	C

ALLERGI
KAFFE
SERVITØR
KJØTT
KASSERER
MAT
BOLLE
KNIV
KJØKKEN
DESSERT
MENY
BRØD
TALLERKEN
KRYDRET
KYLLING
SAUS

26 - Fantascienza

R	E	S	Q	Q	I	L	L	U	S	J	O	N	M
O	O	I	B	Ø	K	E	R	R	K	P	C	E	Y
T	N	B	S	Q	C	X	A	F	S	W	D	D	S
M	I	P	O	T	S	Y	D	X	I	L	Q	R	T
E	K	S	I	T	S	I	R	U	T	U	F	E	I
R	K	U	S	U	E	A	R	G	S	T	O	V	S
T	U	S	N	Y	D	R	H	A	A	E	R	S	K
S	Y	D	P	A	U	L	A	L	T	K	A	U	G
K	A	X	T	L	J	J	T	A	N	N	K	T	Q
E	G	L	R	Q	O	Z	O	X	A	O	E	O	G
P	L	A	N	E	T	S	M	Y	F	L	L	P	Z
G	J	Z	O	H	A	T	J	Q	C	O	N	I	T
I	N	N	B	I	L	T	D	O	U	G	L	W	A
U	Q	B	R	A	N	N	C	W	N	I	S	D	A

ATOM
KINO
DYSTOPI
EKSPLOSJON
EKSTREM
FANTASTISK
BRANN
FUTURISTISK
GALAXY
ILLUSJON
INNBILT
BØKER
MYSTISK
VERDEN
ORAKEL
PLANET
ROBOTER
TEKNOLOGI
UTOPI

27 - Città

B	I	B	L	I	O	T	E	K	A	B	Q	J	V
S	T	I	D	F	T	F	G	Q	W	A	J	K	E
R	N	R	E	T	A	E	T	V	Q	K	A	D	P
B	A	N	K	D	J	T	B	I	P	E	O	K	E
D	R	I	R	O	Q	N	C	U	U	R	I	Y	S
Y	U	G	A	L	L	E	R	I	T	I	E	N	K
R	A	W	M	E	L	S	M	A	G	I	F	J	O
E	T	Z	R	D	E	S	U	A	P	X	K	T	L
H	S	L	E	N	T	A	E	C	R	O	I	K	E
A	E	A	P	A	O	L	S	H	N	K	T	W	Z
G	R	P	U	H	H	P	U	Q	D	T	E	E	B
E	A	E	S	K	R	Y	M	K	I	N	O	D	K
S	X	H	O	O	W	L	S	T	A	D	I	O	N
O	K	Z	N	B	C	F	K	L	I	N	I	K	K

FLYPLASSEN
BANK
BIBLIOTEK
KINO
KLINIKK
APOTEK
GALLERI
HOTELL
BOKHANDEL
MARKED
MUSEUM
BUTIKK
BAKERI
RESTAURANT
SKOLE
STADION
SUPERMARKED
TEATER
DYREHAGE

28 - Fattoria #1

H	U	B	Q	L	O	G	K	A	A	R	E	R	H
X	L	F	N	C	V	T	R	U	S	R	J	E	O
F	R	Ø	F	E	L	T	D	I	P	Q	Q	S	N
Y	N	L	J	X	A	I	S	T	S	E	H	E	N
J	F	M	A	M	K	E	T	K	I	G	S	L	I
W	C	S	T	N	U	G	V	P	R	D	U	K	N
G	H	Y	D	K	D	Y	O	K	E	B	E	Y	G
N	J	A	J	X	O	B	E	I	Q	R	Y	L	L
K	N	Ø	D	M	Y	S	R	U	M	Q	B	L	J
A	I	S	D	V	A	N	N	U	N	P	D	I	M
T	Y	U	K	S	H	Ø	Y	D	K	T	F	N	Q
T	O	G	J	T	E	S	B	H	U	N	D	G	P
G	J	E	R	D	E	L	I	W	Q	U	H	X	I
F	L	O	K	K	M	E	E	C	C	W	J	P	W

VANN
LANDBRUK
BIE
ESEL
FELT
HUND
GEIT
HEST
GJØDSEL
HØY
KATT
FLOKK
GRIS
HONNING
KU
KYLLING
GJERDE
RIS
FRØ
KALV

29 - Psicologia

O	A	B	B	F	V	B	E	W	H	Y	F	O	P
R	V	V	A	E	Ø	O	G	Z	F	C	Ø	P	Å
T	T	I	R	R	V	L	O	Y	S	S	L	P	V
O	A	R	E	E	N	I	E	N	X	P	E	F	I
P	L	K	K	E	O	D	S	L	C	R	L	Ø	R
P	E	E	N	D	J	V	O	S	S	X	S	R	K
F	P	L	A	I	S	Y	S	M	T	E	E	S	N
A	R	I	T	S	I	F	I	A	Y	L	R	E	I
T	O	G	E	M	N	D	W	X	B	L	Ø	L	N
N	B	H	R	P	G	U	M	H	H	S	F	S	G
I	L	E	A	E	O	K	L	I	N	I	S	K	E
N	E	T	P	T	K	I	L	F	N	O	K	D	R
G	M	P	I	E	R	F	A	R	I	N	G	E	R
P	E	R	S	O	N	L	I	G	H	E	T	G	F

AVTALE
KLINISK
KOGNISJON
OPPFØRSEL
KONFLIKT
EGO
FØLELSER
ERFARINGER
IDEER
BEVISSTLØS
BARNDOM
PÅVIRKNINGER
TANKER
OPPFATNING
PERSONLIGHET
PROBLEM
VIRKELIGHET
FØLELSE
TERAPI

30 - Paesaggi

M	S	T	X	D	C	X	R	R	L	W	J	S	T
N	L	S	E	Z	S	T	V	F	J	E	L	L	I
P	D	V	E	P	Y	T	T	X	N	R	U	L	G
G	R	X	A	A	G	W	Y	B	F	B	E	E	O
L	X	Q	V	R	G	L	P	M	U	S	Y	J	V
D	Y	T	G	D	N	A	R	T	S	I	J	F	N
P	Ø	S	A	N	D	D	Y	N	E	N	E	S	A
S	V	F	N	U	S	K	Ø	J	S	N	N	I	R
H	L	J	B	T	Z	H	U	L	E	E	L	E	S
F	A	F	O	S	S	G	E	Y	S	I	R	C	D
S	H	V	D	A	L	Å	Ø	Y	T	Y	D	P	O
H	B	O	L	Ø	R	K	E	N	R	K	V	E	A
M	W	B	D	E	V	U	L	K	A	N	B	N	S
G	C	M	K	V	C	Q	E	X	W	J	G	M	E

FOSS
ÅS
ØRKEN
SANDDYNENE
ELV
GEYSIR
ISBRE
HULE
ISFJELL
ØY
INNSJØ
HAV
FJELL
OASE
SUMP
HALVØY
STRAND
TUNDRA
DAL
VULKAN

31 - Energia

E	X	E	E	L	E	N	T	R	O	P	I	V	V
S	L	E	S	E	I	D	S	L	K	S	J	B	M
I	E	E	F	O	R	U	R	E	N	S	I	N	G
R	S	M	K	V	R	L	B	B	P	B	Q	A	I
E	N	R	I	T	I	X	Q	P	S	L	H	F	N
T	E	A	G	L	R	N	F	O	T	O	N	O	D
T	R	V	M	F	J	I	D	A	C	B	Q	R	U
A	B	Q	D	T	O	Ø	S	D	A	M	P	N	S
B	E	N	S	I	N	O	W	K	E	V	T	Y	T
W	X	T	W	G	R	T	N	U	W	X	U	B	R
K	A	R	B	O	N	M	O	T	O	R	R	A	I
I	E	L	E	K	T	R	O	N	Q	M	B	R	P
P	H	Y	D	R	O	G	E	N	F	S	I	T	I
N	U	K	L	E	Æ	R	N	R	D	D	N	A	R

MILJØ
BATTERI
BENSIN
VARME
KARBON
BRENSEL
DIESEL
ELEKTRISK
ELEKTRON
ENTROPI
FOTON
HYDROGEN
INDUSTRI
FORURENSING
MOTOR
NUKLEÆR
FORNYBAR
TURBIN
DAMP
VIND

32 - Ristorante #2

F	N	N	P	K	E	L	N	E	R	Z	E	F	Q
R	Q	S	E	G	S	E	L	J	Z	I	G	M	J
U	G	N	G	U	I	I	M	T	L	N	G	L	D
K	Y	D	R	S	G	S	F	R	E	M	Y	I	R
T	K	R	Y	D	D	E	R	T	N	M	K	S	I
S	K	J	E	G	A	F	F	E	L	I	A	P	K
S	F	C	C	X	T	Q	I	O	O	D	K	F	K
S	U	P	P	E	N	Z	H	O	T	D	E	T	M
F	O	R	R	E	T	T	L	A	S	A	O	S	Z
J	K	P	I	B	W	L	V	S	B	G	L	P	I
B	S	G	R	Ø	N	N	S	A	K	E	R	A	A
V	A	N	N	J	K	E	B	Y	N	R	S	Z	S
G	U	Z	U	K	D	E	I	L	I	G	L	Z	D
V	D	G	D	L	G	D	A	G	Z	C	L	U	D

VANN
FORRETT
DRIKK
KELNER
MIDDAG
SKJE
DEILIG
GAFFEL
FRUKT
IS
SALAT
SUPPE
FISK
LUNSJ
SALT
STOL
KRYDDER
KAKE
EGG
GRØNNSAKER

33 - Moda

M	S	O	F	I	S	T	I	K	E	R	T	B	M
O	Ø	O	V	F	V	R	O	D	E	W	N	O	O
R	G	N	O	F	D	Y	H	N	V	Y	E	U	D
I	H	Z	S	O	W	D	K	W	Q	Q	D	T	E
G	F	U	R	T	N	A	G	E	L	E	E	I	R
I	L	R	C	S	E	H	S	U	X	J	J	Q	N
N	L	E	B	A	T	R	O	F	M	O	K	U	E
A	I	P	T	Y	H	Æ	V	I	V	R	S	E	I
L	T	P	M	R	K	L	O	A	Z	D	E	W	R
B	S	A	A	L	E	K	N	E	D	H	B	D	E
P	Z	N	V	J	X	N	M	I	G	U	T	M	D
U	G	K	B	J	U	L	D	X	A	O	P	H	O
T	E	K	S	T	U	R	B	L	O	N	D	E	R
P	R	A	K	T	I	S	K	B	A	C	Q	X	B

KLÆR
BOUTIQUE
DYRT
KOMFORTABEL
ELEGANT
MØNSTER
MODERNE
BESKJEDEN
ORIGINAL
BLONDER

PRAKTISK
KNAPPER
BRODERI
ENKEL
SOFISTIKERT
STIL
TREND
STOFF
TEKSTUR

34 - L'Azienda

S	B	O	K	I	S	I	R	E	D	N	E	R	T
Y	E	I	V	R	T	E	T	I	L	A	V	K	V
S	S	N	R	E	E	N	V	H	M	A	N	Y	Z
S	L	V	E	H	H	A	I	L	A	B	O	L	G
E	U	E	T	T	G	O	T	M	H	E	J	B	N
L	T	S	K	J	I	W	A	I	L	N	S	Z	A
S	N	T	E	K	L	B	V	H	V	H	A	D	G
E	I	E	T	K	U	D	O	R	P	E	T	R	M
T	N	R	N	I	M	Q	N	X	E	T	N	R	A
T	G	I	N	Q	U	H	N	N	V	E	E	K	R
I	H	N	I	X	V	P	I	B	Ø	R	S	H	F
N	X	G	R	Y	K	T	E	F	T	L	E	B	N
G	S	B	J	K	I	N	D	U	S	T	R	I	C
L	L	E	N	O	J	S	E	F	O	R	P	B	R

KREATIV
BESLUTNING
GLOBAL
INDUSTRI
INNOVATIV
INVESTERING
SYSSELSETTING
MULIGHET
PRESENTASJON
PRODUKT
PROFESJONELL
FRAMGANG
KVALITET
INNTEKTER
RYKTE
RISIKO
LØNN
TRENDER
ENHETER

35 - Giardino

N	K	S	U	B	L	G	S	D	D	K	H	U	F
S	N	E	L	P	U	K	A	P	L	A	J	G	N
T	E	R	R	A	S	S	E	R	A	E	M	R	H
Q	B	T	R	E	E	V	N	F	A	D	G	E	A
F	R	U	K	T	H	A	G	E	H	S	E	S	G
G	J	Y	W	N	E	N	E	K	E	S	J	S	E
J	O	J	J	I	V	L	G	A	N	E	H	E	G
E	R	L	E	J	P	C	U	R	G	R	A	B	N
R	D	I	R	G	W	E	E	H	E	G	S	L	A
D	V	I	N	T	R	E	E	T	K	H	G	O	L
E	W	E	M	S	G	D	W	G	Ø	V	Y	M	S
B	J	G	F	G	E	P	O	A	Y	K	X	S	Z
L	S	M	N	S	G	W	V	U	E	C	P	T	U
T	R	A	M	P	O	L	I	N	E	V	R	I	X

TRE
HENGEKØYE
BUSK
GRESS
UGRESS
BLOMST
FRUKTHAGE
GARASJE
HAGE
SPADE

BENK
PLEN
RAKE
GJERDE
DAM
JORD
TERRASSE
TRAMPOLINE
SLANGE
VINTREET

36 - Frutta

B	K	K	T	A	N	A	N	A	S	E	K	V	O
Æ	I	J	T	U	A	M	A	O	I	U	K	X	U
R	R	P	L	J	N	A	K	N	O	R	T	I	S
Æ	S	D	L	L	A	N	Y	I	D	D	P	O	B
B	E	O	R	O	B	G	E	R	W	T	P	D	J
E	B	D	E	W	M	O	X	A	S	I	Æ	P	Ø
G	Æ	A	H	B	W	M	Z	T	N	U	R	Y	R
N	R	K	P	B	I	N	E	K	S	R	E	F	N
I	N	O	T	R	N	M	L	E	M	G	J	A	E
R	O	V	F	T	I	H	P	N	E	S	S	I	B
B	M	A	F	I	P	K	E	L	L	Q	N	K	Æ
P	A	P	A	Y	A	V	O	F	O	I	A	Q	R
R	N	B	G	Z	Y	C	K	S	N	O	R	W	O
V	C	N	V	Y	T	Y	L	Q	R	A	O	E	V

APRIKOS
ANANAS
ORANSJE
AVOKADO
BÆR
BANAN
KIRSEBÆR
KIWI
BRINGEBÆR
SITRON
MANGO
EPLE
MELON
BJØRNEBÆR
NEKTARIN
PAPAYA
PÆRE
FERSKEN
PLOMME
DRUE

37 - Fattoria #2

I	X	G	X	V	R	G	C	B	R	Q	F	J	M
M	D	O	W	B	O	N	D	E	I	T	A	M	E
W	R	Z	U	D	T	E	P	T	W	K	T	K	L
M	U	P	G	G	K	D	F	E	M	U	U	U	K
K	G	B	R	Y	A	R	M	V	A	R	A	B	B
Z	O	D	K	X	R	Y	N	H	D	F	S	F	E
T	E	R	D	C	T	H	E	N	C	A	Y	R	H
R	N	A	N	E	D	O	M	Y	T	I	Q	U	Y
B	Y	G	G	L	Å	V	E	A	L	K	M	K	P
A	Q	D	Q	C	I	B	G	N	A	M	J	T	A
C	T	U	S	E	S	J	V	D	M	V	E	H	A
O	S	E	L	K	J	H	Z	D	A	K	O	A	A
L	K	H	A	E	P	C	T	S	Z	W	C	G	Y
E	M	M	M	V	A	N	N	I	N	G	M	E	X

LAM
BONDE
BIKUBE
AND
DYR
MAT
LÅVE
FRUKT
FRUKTHAGE
HVETE

VANNING
LAMA
MELK
KORN
MODEN
BYGG
HYRDE
SAU
ENG
TRAKTOR

38 - Verdure

S	R	W	L	C	T	B	A	R	H	K	D	U	X
D	P	P	O	S	E	R	Q	E	J	E	D	W	P
T	V	I	O	R	T	O	E	D	B	Z	M	H	M
A	K	H	N	R	O	K	T	D	K	E	A	K	T
M	G	T	R	A	P	K	G	I	B	H	H	K	C
O	T	U	Y	W	T	O	K	K	O	E	V	O	W
T	Z	B	R	K	Ø	L	T	T	O	L	A	J	S
Q	K	V	Æ	K	R	I	R	E	L	L	E	S	G
R	I	D	F	N	E	P	E	O	I	I	W	I	U
W	W	F	E	R	O	O	H	U	B	S	J	T	L
T	P	Y	G	S	A	L	A	T	O	R	H	R	R
N	Y	Z	N	C	J	I	K	S	U	E	E	A	O
W	E	N	I	G	R	E	B	U	A	P	A	S	T
H	V	I	T	L	Ø	K	Ø	L	B	Z	Z	O	D

HVITLØK
BROKKOLI
ARTISJOKK
GULROT
AGURK
LØK
SOPP
SALAT
AUBERGINE
POTET
ERT
TOMAT
PERSILLE
NEPE
REDDIK
SJALOTTLØK
SELLERI
SPINAT
INGEFÆR

39 - Musica

P	G	L	K	I	D	O	L	E	M	M	I	R	T
R	O	N	Z	C	V	F	K	V	U	I	N	Y	B
A	R	E	P	O	K	Z	L	O	S	K	N	T	A
G	M	G	T	U	J	L	K	K	I	R	S	M	L
S	U	N	X	I	S	R	S	A	K	O	P	I	L
H	B	Y	T	H	S	E	I	L	A	F	I	S	A
M	L	S	T	G	U	K	S	D	L	O	L	K	D
H	A	R	M	O	N	I	S	K	S	N	L	A	E
N	X	Z	O	U	Q	S	A	X	K	M	I	U	U
O	O	B	G	K	W	U	L	B	D	Z	N	C	R
Y	G	J	G	Z	E	M	K	D	X	D	G	S	Y
H	A	R	M	O	N	I	L	Y	R	I	S	K	T
J	N	Z	I	N	S	T	R	U	M	E	N	T	M
S	A	N	G	E	R	V	O	V	C	V	T	E	E

ALBUM
HARMONI
HARMONISK
BALLADE
SANGER
SYNGE
KLASSISK
KOR
LYRISK
MELODI
MIKROFON
MUSIKALSK
MUSIKER
OPERA
POETISK
INNSPILLING
RYTMISK
RYTME
INSTRUMENT
VOKAL

40 - Barbecue

G	H	L	T	L	A	S	K	K	I	S	U	M	K
F	A	M	I	L	I	E	Y	H	G	N	Y	M	N
P	R	N	U	N	U	Q	L	W	R	C	T	I	I
R	E	T	A	L	A	S	L	L	I	P	S	D	V
P	T	P	N	X	F	S	I	H	U	U	O	D	E
Q	A	Z	P	U	F	A	N	J	E	M	M	A	R
I	M	C	M	E	H	U	G	H	M	P	M	G	G
M	O	Q	G	W	R	S	A	W	I	B	E	Z	R
Z	T	Y	A	U	X	P	U	T	K	U	R	F	I
I	N	V	I	T	A	S	J	O	N	H	S	D	L
L	L	F	O	M	U	Y	S	F	L	T	M	F	L
Ø	I	F	D	R	W	W	N	U	K	D	D	A	E
K	L	H	U	A	L	V	U	A	J	U	U	H	T
N	Y	D	J	V	X	Z	L	L	O	F	T	S	G

VARMT
MIDDAG
MAT
LØK
KNIVER
SOMMER
SULT
FAMILIE
FRUKT
SPILL

GRILLE
SALATER
INVITASJON
MUSIKK
PEPPER
KYLLING
TOMATER
LUNSJ
SALT
SAUS

41 - Fisica

F	O	R	M	E	L	T	E	X	C	J	D	T	V
G	X	T	Y	X	O	A	E	S	Q	D	L	M	A
Q	B	W	X	H	R	O	T	T	D	D	N	E	R
M	O	T	O	R	Æ	B	E	O	T	Q	D	M	I
U	T	V	I	D	E	L	S	E	M	H	X	S	A
M	E	S	K	O	L	C	N	C	B	K	E	I	B
W	E	F	Z	E	K	T	E	S	E	J	E	T	E
C	T	K	L	S	U	T	V	E	Q	E	L	E	L
I	S	O	A	K	N	D	K	P	O	M	E	N	Y
G	A	S	S	N	V	U	E	M	I	I	K	G	K
R	L	E	K	K	I	T	R	A	P	S	T	A	E
V	K	F	X	B	V	K	F	D	V	K	R	M	L
C	G	F	Q	K	K	B	K	N	V	M	O	C	O
U	N	I	V	E	R	S	E	L	L	C	N	K	M

ATOM
KAOS
KJEMISK
TETTHET
ELEKTRON
UTVIDELSE
FORMEL
FREKVENS
GASS
MAGNETISME
MEKANIKK
MOLEKYL
MOTOR
NUKLEÆR
PARTIKKEL
UNIVERSELL
VARIABEL

42 - Erboristeria

D	U	M	V	C	M	U	K	I	L	I	S	A	B
N	I	N	C	J	A	H	H	M	X	H	R	S	G
A	I	L	T	Q	R	P	E	R	S	I	L	L	E
I	P	V	L	P	J	P	Q	B	L	O	M	S	T
M	Y	N	T	E	O	R	O	S	M	A	R	I	N
I	U	X	H	U	R	C	L	T	G	R	Ø	N	N
T	E	T	I	L	A	V	K	Z	G	S	Y	F	O
S	Z	X	U	B	M	Y	F	Q	W	A	E	E	R
O	S	L	A	V	E	N	D	E	L	F	H	N	E
O	V	R	I	H	S	G	V	C	W	R	R	N	G
H	V	I	T	L	Ø	K	A	R	R	A	P	I	A
E	S	T	R	A	G	O	N	H	X	N	D	K	N
A	R	O	M	A	T	I	S	K	D	Y	G	E	O
I	N	G	R	E	D	I	E	N	S	N	D	L	L

HVITLØK
DILL
AROMATISK
BASILIKUM
ESTRAGON
FENNIKEL
BLOMST
HAGE
INGREDIENS
LAVENDEL
MARJORAM
MYNTE
OREGANO
PERSILLE
KVALITET
ROSMARIN
TIMIAN
GRØNN
SAFRAN

43 - Danza

B	E	V	E	G	E	L	S	E	I	C	P	M	U
I	G	L	E	D	E	L	I	G	C	E	C	U	T
F	D	O	U	U	Q	G	N	H	C	D	M	S	T
A	K	A	D	E	M	I	I	Y	O	E	R	I	R
R	Z	L	V	M	B	M	Z	C	K	P	Y	K	Y
G	K	K	I	T	R	C	F	E	U	G	P	K	K
O	L	R	S	Y	S	G	G	T	L	L	J	E	K
E	A	O	U	R	S	N	C	B	T	A	F	Ø	S
R	S	P	E	U	W	Å	U	Z	U	G	O	V	F
O	S	P	L	D	F	D	U	K	R	H	S	I	U
K	I	J	L	Z	E	E	D	F	E	A	M	N	L
W	S	G	T	G	N	I	N	D	L	O	H	G	L
R	K	V	S	R	W	Z	E	S	L	E	L	Ø	F
V	S	A	M	B	O	E	R	U	T	L	U	K	X

AKADEMI
KUNST
KLASSISK
SAMBOER
KOREOGRAFI
KROPP
KULTUR
KULTURELL
FØLELSE
UTTRYKKSFULL
GLEDELIG
NÅDE
BEVEGELSE
MUSIKK
HOLDNING
ØVING
RYTME
HOPPE
VISUELL

44 - Attività Commerciale

B	U	D	S	J	E	T	T	T	A	S	N	A	P
S	R	O	P	G	H	P	R	T	H	P	D	K	R
N	O	J	S	K	A	S	N	A	R	T	T	A	O
A	T	K	Y	F	N	B	U	T	I	K	K	F	F
N	N	Q	X	B	D	U	T	K	E	T	N	N	I
I	O	Z	Y	R	E	R	E	I	R	R	A	K	T
F	K	T	E	E	L	F	A	B	R	I	K	K	T
R	E	V	I	G	S	D	I	E	B	R	A	G	G
V	S	U	O	N	V	Ø	K	O	N	O	M	I	M
Q	A	A	V	E	A	S	E	L	S	K	A	P	P
X	A	L	L	P	R	O	M	T	T	A	B	A	R
I	J	Z	U	G	E	C	U	Q	S	Z	Z	Y	W
V	Y	Z	J	T	R	M	L	J	E	O	O	Q	C
V	Z	K	P	J	A	A	B	X	J	T	K	K	T

BUDSJETT
KARRIERE
KOSTE
ARBEIDSGIVER
ANSATT
ØKONOMI
FABRIKK
FINANS
HANDELSVARER
BUTIKK
PROFITT
INNTEKT
RABATT
SELSKAP
PENGER
TRANSAKSJON
KONTOR
VALUTA
SALG

45 - Fiori

P	A	S	J	O	N	S	B	L	O	M	S	T	V
M	A	G	N	O	L	I	A	L	I	L	J	E	A
Z	T	G	S	R	Q	E	R	J	P	Z	I	B	L
O	U	A	J	P	O	I	D	J	Y	I	R	U	M
O	S	R	A	O	H	S	W	N	R	B	C	K	U
R	E	D	S	U	B	S	E	O	E	Z	V	E	E
K	N	E	M	Y	I	U	H	E	V	V	T	T	S
I	F	N	I	D	T	K	J	P	Ø	J	A	T	O
D	R	I	N	R	Q	S	A	A	L	L	I	L	L
É	Y	A	E	J	L	I	L	E	K	S	Å	P	S
R	D	C	H	V	X	B	X	P	L	P	W	C	I
P	L	U	M	E	R	I	A	K	M	D	A	H	K
X	H	A	Q	X	A	H	B	L	L	Y	Y	L	K
L	K	R	O	N	B	L	A	D	S	N	P	W	E

GARDENIA
SJASMIN
LILJE
SOLSIKKE
HIBISKUS
LAVENDEL
LILLA
MAGNOLIA
TUSENFRYD
BUKETT
PÅSKELILJE
ORKIDÉ
VALMUE
PASJONSBLOMST
PEON
KRONBLAD
PLUMERIA
ROSE
KLØVER

46 - Filantropia

M	N	P	T	P	M	R	V	N	O	J	S	I	M
I	W	H	R	R	E	W	E	R	F	F	I	C	J
D	S	Y	E	O	N	R	L	A	F	Q	O	W	F
L	Q	N	N	G	N	C	D	B	E	R	G	L	S
E	Y	X	G	R	E	M	E	F	N	E	Z	T	K
R	Æ	F	E	A	S	V	D	F	T	T	R	E	K
G	R	L	I	M	K	C	I	F	L	K	F	H	G
R	L	I	R	M	E	H	G	I	I	A	T	D	E
U	I	S	O	E	H	R	H	G	G	T	E	L	K
P	G	N	T	R	E	T	E	N	L	N	C	I	R
P	H	A	S	A	T	L	T	S	Å	O	G	M	E
E	E	N	I	U	N	G	D	O	M	K	B	V	G
R	T	I	H	O	T	E	N	N	U	F	M	A	S
U	T	F	O	R	D	R	I	N	G	E	R	G	L

BARN
TRENGE
VELDEDIGHET
SAMFUNNET
KONTAKTER
FINANS
MIDLER
GAVMILDHET
UNGDOM
GLOBAL
GRUPPER
MISJON
MÅL
ÆRLIGHET
FOLK
PROGRAMMER
OFFENTLIG
UTFORDRINGER
HISTORIE
MENNESKEHET

47 - Ecologia

K	D	E	J	C	R	I	S	F	P	G	N	O	B
R	L	Z	Y	D	O	X	Q	O	T	L	A	V	Æ
E	G	I	L	L	I	V	I	R	F	O	T	E	R
T	Q	T	M	T	Z	S	A	O	U	B	U	R	E
N	O	J	S	A	T	E	G	E	V	A	R	L	K
A	G	G	F	T	M	U	I	V	A	L	L	E	R
L	N	U	B	I	S	A	Q	B	N	A	I	V	A
P	M	Y	U	B	A	R	N	N	U	R	G	E	F
E	N	I	R	A	M	O	T	G	A	T	V	L	T
I	L	K	Z	H	F	L	Ø	U	F	T	O	S	I
F	J	E	L	L	U	F	R	Q	Q	O	U	E	G
Y	Y	W	I	R	N	U	K	N	B	D	L	R	M
D	K	Y	A	D	N	J	E	H	V	S	K	D	Y
R	E	S	S	U	R	S	E	R	Q	Q	E	S	R

KLIMA
SAMFUNN
MANGFOLD
FAUNA
FLORA
GLOBAL
HABITAT
MARINE
FJELL
NATUR
NATURLIG
MYR
PLANTER
RESSURSER
TØRKE
OVERLEVELSE
BÆREKRAFTIG
ART
VEGETASJON
FRIVILLIGE

48 - Discipline Scientifiche

A	R	K	E	O	L	O	G	I	T	S	M	I	Z
X	H	R	Z	I	H	I	R	M	E	G	E	M	T
D	I	V	E	G	W	G	I	F	R	E	T	M	L
A	S	T	R	O	N	O	M	I	M	O	E	U	I
I	X	Z	J	L	B	L	E	G	O	L	O	N	N
D	E	I	V	O	O	O	J	O	D	O	R	O	G
O	K	G	H	I	T	K	K	L	Y	G	O	L	V
B	K	O	E	S	A	Y	O	O	N	I	L	O	I
H	I	L	S	O	N	S	I	I	A	B	O	G	S
J	N	O	M	S	I	P	B	S	M	C	G	I	T
P	A	R	L	L	K	M	Q	Y	I	E	I	V	I
T	K	V	J	O	K	R	H	F	K	D	J	V	K
K	E	E	L	I	G	O	L	O	K	Ø	R	K	K
Q	M	N	M	Z	Y	I	M	O	T	A	N	A	Q

ANATOMI
ARKEOLOGI
ASTRONOMI
BIOKJEMI
BIOLOGI
BOTANIKK
KJEMI
ØKOLOGI
FYSIOLOGI
GEOLOGI
IMMUNOLOGI
LINGVISTIKK
MEKANIKK
METEOROLOGI
NEVROLOGI
PSYKOLOGI
SOSIOLOGI
TERMODYNAMIKK

49 - Scienza

P	X	L	M	I	P	E	S	N	H	B	M	O	D
A	I	T	A	A	T	O	M	A	N	R	O	R	R
R	N	U	T	B	D	U	P	T	O	O	L	G	M
T	O	X	A	F	O	G	T	U	J	T	E	A	I
I	J	H	D	Q	I	R	F	R	S	N	K	N	N
K	S	X	Q	H	L	I	A	V	U	E	Y	I	E
L	A	K	X	Y	I	X	R	T	L	M	L	S	R
E	V	M	Q	D	K	K	K	L	O	I	E	M	A
R	R	U	P	G	E	L	E	I	V	R	R	E	L
M	E	T	O	D	E	I	D	S	E	E	I	W	E
K	S	K	L	G	Q	M	G	S	Y	P	S	U	R
B	B	A	Z	F	X	A	N	O	O	S	V	A	M
R	O	F	K	K	I	S	Y	F	G	K	W	R	N
K	J	E	M	I	S	K	T	T	Q	E	S	N	T

ATOM
KJEMISK
KLIMA
DATA
EKSPERIMENT
EVOLUSJON
FAKTUM
FYSIKK
FOSSILT
TYNGDEKRAFT
LABORATORIUM
METODE
MINERALER
MOLEKYLER
NATUR
ORGANISME
OBSERVASJON
PARTIKLER

50 - Imbarcazioni

I	T	O	N	O	M	I	T	I	R	A	M	B	G
U	O	E	K	T	J	O	N	A	K	Y	P	Ø	Z
L	S	L	V	A	H	M	T	L	H	A	O	Y	H
B	N	V	J	U	O	A	J	O	C	C	C	E	N
T	Ø	A	A	N	D	N	Z	J	R	H	G	H	S
K	T	L	M	L	C	N	L	P	E	T	Z	X	E
V	M	W	G	P	W	S	D	Ø	J	S	N	N	I
M	Q	D	K	E	J	K	E	L	R	E	N	N	L
Q	A	R	S	T	R	A	A	F	E	N	A	U	B
P	D	S	I	Å	E	P	Y	D	F	D	V	I	Å
D	D	E	T	L	K	K	A	J	A	K	E	T	T
E	U	H	U	F	N	U	Q	T	Z	N	D	U	A
H	D	A	A	I	A	F	J	C	B	C	I	Y	L
L	C	F	N	S	J	Ø	M	A	N	N	T	L	N

MAST
ANKER
SEILBÅT
BØYE
KANO
TAU
MANNSKAP
ELV
KAJAKK
INNSJØ

HAV
TIDEVANN
SJØMANN
MARITIM
MOTOR
NAUTISK
BØLGER
FERJE
YACHT
FLÅTE

51 - Chimica

A	L	H	K	F	I	J	D	K	T	V	E	K	T
X	T	R	Æ	E	L	K	U	N	O	I	M	O	O
E	P	O	Y	R	M	S	G	X	J	B	H	K	R
K	Q	L	M	A	L	K	A	L	I	S	K	S	G
S	A	K	F	K	S	M	D	L	H	S	M	Y	A
Æ	N	T	K	X	Y	V	N	P	N	A	O	G	N
V	Y	L	A	J	R	A	V	P	F	G	L	E	I
E	K	K	M	L	E	S	J	Q	W	I	E	N	S
O	G	E	P	L	Y	N	A	J	X	A	K	P	K
F	I	N	A	O	K	S	A	L	I	W	Y	H	K
R	X	Z	L	X	F	P	A	Q	T	L	L	D	W
W	O	Y	J	D	C	P	H	T	Q	U	W	F	Z
L	E	M	R	A	V	N	E	G	O	R	D	Y	H
E	L	E	K	T	R	O	N	O	B	R	A	K	R

SYRE
ALKALISK
ATOM
VARME
KARBON
KATALYSATOR
KLOR
ELEKTRON
ENZYM
GASS
HYDROGEN
ION
VÆSKE
MOLEKYL
NUKLEÆR
ORGANISK
OKSYGEN
VEKT
SALT

52 - Api

D	U	A	C	A	D	I	W	K	S	M	B	M	P
C	G	N	I	N	N	O	R	D	I	A	I	A	Q
Q	E	U	N	E	L	L	O	P	S	A	K	N	G
E	R	T	S	M	O	L	B	J	E	O	U	G	U
C	T	K	E	K	P	K	C	I	L	P	B	F	N
A	Z	U	K	H	O	N	N	I	N	G	E	O	S
E	D	R	T	C	J	V	H	S	M	A	T	L	T
T	G	F	F	T	N	H	O	S	V	H	G	D	I
Ø	K	O	S	Y	S	T	E	M	O	E	R	C	G
B	L	O	M	S	T	E	R	F	Z	L	R	H	W
P	L	A	N	T	E	R	E	G	N	I	V	M	Z
H	A	G	E	U	S	P	W	R	Ø	Y	K	X	E
K	U	Z	X	W	M	H	A	B	I	T	A	T	M
X	D	F	T	U	L	V	R	B	Y	C	S	L	X

VINGER
BIKUBE
GUNSTIG
VOKS
MAT
MANGFOLD
ØKOSYSTEM
BLOMSTER
BLOMSTRE
FRUKT
RØYK
HAGE
HABITAT
INSEKT
HONNING
PLANTER
POLLEN
DRONNING
SVERM
SOL

53 - Strumenti Musicali

F	Y	E	M	M	O	R	T	T	O	G	A	F	I
M	L	J	P	U	K	L	A	R	I	N	E	T	T
A	M	Ø	U	P	N	I	L	O	I	F	O	A	R
R	A	B	Y	E	M	N	A	G	O	N	G	T	P
I	J	N	A	T	W	R	S	C	V	E	Z	A	P
M	C	O	K	N	E	A	G	P	N	W	B	M	C
B	C	J	X	K	J	V	A	G	I	B	I	B	O
A	W	S	I	O	I	O	Q	L	L	L	A	U	B
R	G	U	S	A	K	S	O	F	O	N	L	R	O
Q	H	K	P	F	D	S	O	Y	D	A	Q	I	L
Y	T	R	O	M	B	O	N	E	N	S	M	N	L
C	P	E	P	R	A	H	A	N	A	A	J	E	E
T	E	P	M	O	R	T	I	I	M	I	T	W	C
X	T	Q	H	T	R	K	P	G	I	T	A	R	K

MUNNSPILL
HARPE
BANJO
GITAR
KLARINETT
FAGOTT
FLØYTE
GONG
MANDOLIN
MARIMBA
OBO
PERKUSJON
PIANO
SAKSOFON
TAMBURIN
TROMME
TROMPET
TROMBONE
FIOLIN
CELLO

54 - Professioni #2

L	I	U	O	F	R	L	P	K	H	F	T	B	Z
B	Æ	N	E	D	I	E	I	I	T	I	S	I	O
I	A	R	G	Q	S	G	L	R	S	L	I	O	O
B	S	E	E	E	K	E	O	U	I	O	V	L	L
L	T	K	L	R	N	G	T	R	L	S	G	O	O
I	R	S	N	E	E	I	S	G	A	O	N	G	G
O	O	R	N	N	R	N	Ø	V	N	F	I	W	V
T	N	O	A	T	M	Q	L	R	R	E	L	A	M
E	A	F	T	R	I	I	P	E	U	K	Z	J	J
K	U	D	Y	A	C	F	O	T	O	G	R	A	F
A	T	D	U	G	Y	I	S	P	J	C	G	T	Z
R	E	K	S	R	O	F	R	E	T	T	E	J	M
O	P	P	F	I	N	N	E	R	B	R	F	V	C
I	L	L	U	S	T	R	A	T	Ø	R	Z	J	T

ASTRONAUT
BIBLIOTEKAR
BIOLOG
KIRURG
TANNLEGE
FILOSOF
FOTOGRAF
GARTNER
JOURNALIST
ILLUSTRATØR
INGENIØR
LÆRER
OPPFINNER
ETTERFORSKER
LINGVIST
LEGE
PILOT
MALER
FORSKER
ZOOLOG

55 - Letteratura

M	E	T	A	F	O	R	W	T	K	I	D	F	O
I	M	S	J	N	Y	Y	V	E	P	Q	P	O	I
R	T	T	B	D	O	C	H	M	R	U	D	R	Z
G	Y	I	Z	I	K	J	O	A	D	R	B	F	M
B	R	L	M	D	O	E	S	Y	L	A	N	A	E
V	N	R	S	T	I	G	X	U	X	S	S	T	N
O	W	J	A	L	G	M	R	C	L	O	J	T	I
A	N	E	K	D	O	T	E	A	V	K	A	E	N
R	H	M	G	O	L	A	I	D	F	H	N	R	G
G	O	U	T	Y	A	Y	M	L	L	I	G	O	R
M	I	M	I	S	N	L	I	D	Q	F	E	R	K
N	S	Q	A	A	A	S	I	G	P	J	R	R	Y
C	V	G	J	N	P	O	E	T	I	S	K	I	G
S	A	M	M	E	N	L	I	G	N	I	N	G	C

ANALYSE
ANALOGI
ANEKDOTE
FORFATTER
BIOGRAFI
KONKLUSJON
SAMMENLIGNING
DIALOG
SJANGER
METAFOR
MENING
DIKT
POETISK
RIM
RYTME
ROMAN
STIL
TEMA

56 - Cibo #2

R	H	O	K	V	B	T	O	O	O	N	T	H	N
L	T	C	V	O	Z	A	O	S	G	S	F	V	T
S	H	K	C	I	Z	P	N	M	T	Z	W	E	M
B	G	Q	H	L	G	R	D	A	A	M	L	T	B
S	J	O	K	O	L	A	D	E	N	T	I	E	H
E	E	G	T	K	K	K	Ø	Q	G	N	R	Y	O
M	Y	C	N	K	F	W	R	D	R	U	E	R	R
H	O	E	E	O	T	Y	B	U	Æ	U	L	I	T
S	G	G	P	R	F	I	S	K	B	R	L	S	W
O	H	G	L	B	J	F	Y	U	E	E	E	L	U
P	U	Q	E	T	K	I	W	I	S	X	S	P	K
P	R	Z	V	Q	E	N	I	G	R	E	B	U	A
H	T	K	Y	L	L	I	N	G	I	D	F	R	Z
I	L	I	Y	H	K	J	D	E	K	N	I	K	S

BANAN
BROKKOLI
KIRSEBÆR
SJOKOLADE
OST
SOPP
HVETE
KIWI
EPLE
AUBERGINE

BRØD
FISK
KYLLING
TOMAT
SKINKE
RIS
SELLERI
EGG
DRUE
YOGHURT

57 - Nutrizione

A	Y	U	Y	S	G	I	L	E	S	I	P	S	K
V	E	K	T	A	N	J	R	V	S	L	U	P	A
I	S	N	N	U	S	R	Æ	H	B	J	H	F	L
O	E	U	O	S	Y	G	T	R	C	H	X	H	O
P	R	O	T	E	I	N	E	R	I	B	Z	E	R
B	A	L	A	N	S	E	R	T	V	N	W	L	I
A	P	P	E	T	I	T	T	O	P	G	G	S	E
F	O	R	D	Ø	Y	E	L	S	E	I	J	E	R
D	V	P	E	G	J	Z	L	R	I	F	O	Q	E
I	G	K	J	T	F	M	D	Q	G	T	D	C	D
E	I	X	R	M	T	E	T	I	L	A	V	K	D
T	V	B	L	Z	Y	I	V	V	Q	I	O	D	Y
T	R	T	J	J	F	P	B	V	Æ	S	K	E	R
N	Æ	R	I	N	G	S	S	T	O	F	F	S	K

BITTER
APPETITT
BALANSERT
KALORIER
SPISELIG
DIETT
FORDØYELSE
GJÆRING
VÆSKER
NÆRINGSSTOFF
VEKT
PROTEINER
KVALITET
SAUS
HELSE
SUNN
KRYDDER
GIFT

58 - Matematica

U	M	P	J	O	T	N	B	O	E	P	R	L	R
X	L	A	M	I	S	E	D	M	K	O	A	I	E
M	U	L	O	V	L	L	Z	K	S	L	D	G	K
A	T	R	E	K	A	N	T	R	P	Y	I	N	T
K	Z	E	L	L	P	A	T	E	O	G	U	I	A
K	C	T	E	S	L	Y	E	T	N	O	S	N	N
I	F	E	D	N	A	A	G	S	E	N	G	G	G
T	R	M	K	I	T	B	R	X	N	L	I	F	E
E	S	A	Ø	E	V	O	O	A	T	M	Y	D	L
M	F	I	R	J	T	I	T	F	P	Z	A	J	P
T	Æ	D	B	N	O	S	S	M	B	X	F	M	Y
I	R	T	E	M	O	E	G	J	S	U	M	C	U
R	E	V	I	N	K	L	E	R	O	O	H	U	X
A	S	Y	M	M	E	T	R	I	X	N	B	K	V

VINKLER
ARITMETIKK
DESIMAL
DIAMETER
DIVISJON
LIGNING
EKSPONENT
BRØKDEL
GEOMETRI
PARALLELL

OMKRETS
POLYGON
TORGET
RADIUS
REKTANGEL
SFÆRE
SYMMETRI
SUM
TREKANT
VOLUM

59 - Meditazione

K	S	T	I	L	L	H	E	T	J	O	R	T	N
K	L	Z	Y	B	F	O	A	Q	S	P	E	A	X
I	A	A	M	D	B	A	G	D	P	P	I	K	B
S	T	T	R	U	T	A	N	J	Y	M	H	K	M
U	N	T	E	H	G	I	L	N	N	E	V	N	E
M	E	C	D	R	E	K	N	A	T	R	X	E	D
U	M	Y	N	W	S	T	P	E	S	K	A	M	F
G	N	I	N	D	L	O	H	M	W	S	M	L	Ø
R	O	L	I	G	E	B	A	Q	N	O	L	I	L
P	Z	Q	S	X	G	F	N	L	I	M	W	G	E
G	U	Z	G	U	E	F	W	V	I	H	N	H	L
F	I	S	P	R	V	T	J	C	A	E	F	E	S
X	Z	W	T	Y	E	F	R	E	D	T	L	T	E
I	A	X	G	E	B	F	Ø	L	F	L	S	E	R

AKSEPT
OPPMERKSOMHET
ROLIG
KLARHET
MEDFØLELSE
FØLELSER
VENNLIGHET
TAKKNEMLIGHET
MENTAL
SINN
BEVEGELSE
MUSIKK
NATUR
FRED
TANKER
HOLDNING
PUSTE
STILLHET

60 - Elettricità

N	S	T	I	K	K	O	N	T	A	K	T	L	E
E	E	T	E	L	E	F	O	N	Z	M	R	E	L
L	P	T	G	E	N	E	R	A	T	O	R	D	E
E	M	N	T	M	E	N	G	D	E	L	E	N	K
K	A	B	V	V	T	E	H	T	R	A	T	I	T
T	L	G	P	K	E	X	W	N	Æ	G	K	N	R
R	P	P	E	L	O	R	U	A	P	R	E	G	I
I	T	P	O	F	J	K	K	J	D	I	J	E	K
S	R	H	I	S	X	B	Z	M	L	N	B	R	E
K	N	Y	U	W	I	I	B	E	A	G	O	S	R
V	U	A	T	U	G	T	J	B	S	H	Q	D	G
Q	R	K	Q	S	W	Q	I	R	E	T	T	A	B
S	N	E	G	A	T	I	V	V	R	F	N	B	W
M	A	G	N	E	T	U	K	A	B	E	L	Z	H

UTSTYR
BATTERI
KABEL
LAGRING
ELEKTRIKER
ELEKTRISK
LEDNINGER
GENERATOR
LAMPE
PÆRE
LASER
MAGNET
NEGATIV
OBJEKTER
POSITIV
STIKKONTAKT
MENGDE
NETTVERK
TELEFON
TV

61 - Antiquariato

D	R	E	L	B	Ø	M	K	X	R	A	A	G	R
E	E	E	K	V	A	L	I	T	E	T	U	A	D
P	R	K	S	I	R	P	D	V	T	N	K	M	U
I	D	A	O	T	X	H	R	A	N	A	S	M	S
R	N	B	V	R	A	R	E	L	Y	G	J	E	P
E	U	R	P	Y	A	U	V	Q	M	E	O	L	S
L	H	S	K	R	S	T	R	S	U	L	N	O	M
L	R	F	P	S	R	P	I	E	A	E	Q	J	F
A	Å	A	N	M	S	L	Q	V	R	M	I	B	J
G	I	L	N	A	V	U	G	P	Q	I	L	W	X
K	U	N	S	T	W	K	M	Y	V	L	N	E	I
G	N	I	R	E	T	S	E	V	N	I	V	G	R
T	I	L	S	T	A	N	D	P	H	T	N	U	W
S	R	H	A	U	T	E	N	T	I	S	K	R	S

KUNST
AUKSJON
AUTENTISK
SAMLER
TILSTAND
DEKORATIV
ELEGANT
GALLERI
UVANLIG
INVESTERING
MØBLER
MYNTER
PRIS
KVALITET
RESTAURERING
SKULPTUR
ÅRHUNDRE
STIL
VERDI
GAMMEL

62 - Escursionismo

T	A	Z	Q	T	R	E	K	R	A	P	Y	O	Y
Q	K	Z	W	V	E	A	J	H	F	A	F	R	Q
L	L	A	K	Y	N	N	A	V	I	F	S	I	B
P	I	H	L	L	I	V	D	Y	R	L	D	E	M
N	P	Y	I	F	E	U	G	H	O	M	O	N	Y
R	P	P	M	E	T	Ø	M	P	P	O	T	T	G
U	E	W	A	E	S	F	W	N	J	T	R	E	G
T	C	L	U	X	C	S	A	T	B	U	Ø	R	F
A	S	A	V	E	Z	O	G	R	I	N	T	I	J
N	T	Z	M	Ø	G	L	N	E	E	G	T	N	E
J	N	E	P	P	T	K	A	R	T	R	S	G	L
I	S	C	G	W	I	S	Q	U	X	S	B	Y	L
Y	J	Y	Y	U	K	N	G	W	W	V	X	E	L
M	D	P	X	H	D	F	G	W	B	J	L	V	L

VANN
DYR
CAMPING
KLIMA
KART
FJELL
NATUR
ORIENTERING
PARKER
FARER
TUNG
STEINER
KLIPPE
VILL
SOL
TRØTT
STØVLER
TOPPMØTE
MYGG

63 - Professioni #1

A	T	R	K	G	F	P	I	A	N	I	S	T	P
M	R	G	Y	J	A	A	T	U	Q	H	R	M	S
B	Ø	F	L	Y	N	K	R	R	E	G	E	J	Y
A	T	J	T	L	H	B	G	M	E	V	F	X	K
S	K	R	E	K	I	S	U	M	A	N	U	X	O
S	A	L	B	X	Z	A	L	U	R	S	E	N	L
A	D	R	E	G	G	E	L	R	Ø	R	Ø	R	O
D	E	A	J	T	O	L	S	P	L	W	V	Y	G
Ø	R	B	N	W	L	I	M	R	H	X	V	A	T
R	Z	D	Q	S	O	R	E	N	T	S	N	U	K
Q	L	J	X	Y	E	H	D	K	X	G	T	Z	D
G	D	V	C	A	G	R	E	K	S	R	O	F	C
S	Y	K	E	P	L	E	I	E	R	G	R	R	B
A	S	T	R	O	N	O	M	M	A	V	H	H	C

TRENER
AMBASSADØR
KUNSTNER
ASTRONOM
DANSER
JEGER
REDAKTØR
FARMASØYT
GEOLOG
GULLSMED
RØRLEGGER
SYKEPLEIER
MUSIKER
PIANIST
PSYKOLOG
FORSKER

64 - Antartide

M	F	R	S	Z	V	R	A	G	R	I	U	V	E
K	I	A	R	Z	F	L	N	I	N	C	T	O	K
F	F	G	H	G	V	M	Q	L	D	G	N	F	S
O	A	N	R	U	T	A	R	E	P	M	E	T	P
R	R	I	E	A	T	S	X	P	I	M	N	K	E
S	G	R	Y	I	S	O	J	A	S	I	I	U	D
K	O	A	Ø	O	O	J	I	K	B	L	T	B	I
E	E	V	S	H	W	S	O	S	R	J	N	K	S
R	G	E	V	P	V	Q	M	N	E	Ø	O	H	J
E	K	B	V	A	N	N	G	E	E	B	K	Y	O
Y	Ø	V	L	A	H	E	O	T	R	T	A	G	N
K	H	V	A	L	L	M	Z	I	I	S	F	Q	A
S	E	M	X	M	L	C	X	V	H	Y	X	C	V
R	C	Y	I	W	E	S	T	E	I	N	E	T	E

VANN
MILJØ
BUKT
HVAL
BEVARING
KONTINENT
GEOGRAFI
ISBREER
IS
ØYER
MIGRASJON
SKYER
HALVØY
FORSKER
STEINETE
VITENSKAPELIG
EKSPEDISJON
TEMPERATUR

65 - Libri

S	K	S	I	R	O	T	S	I	H	C	L	S	S
Q	F	Y	A	F	O	R	F	A	T	T	E	R	E
J	V	Q	F	M	Q	E	U	N	I	D	U	H	R
P	O	E	S	I	L	L	E	U	T	K	A	I	I
Y	M	S	O	B	C	I	S	F	I	S	E	S	E
T	O	Z	R	U	E	E	N	I	C	I	F	T	E
T	S	H	Æ	U	V	J	V	G	D	P	V	O	D
R	N	K	R	R	R	O	M	A	N	E	R	R	U
A	N	S	E	Y	M	C	T	C	A	S	N	I	A
G	I	U	T	T	E	P	Q	P	K	P	X	E	L
I	F	A	T	N	N	S	K	R	E	V	E	T	I
S	P	K	I	E	R	O	L	E	S	E	R	L	T
K	P	B	L	V	T	S	K	Z	L	W	L	U	E
F	O	R	T	E	L	L	F	R	A	E	N	N	T

FORFATTER
EVENTYR
SAMLING
KONTEKST
DUALITET
EPISK
OPPFINNSOM
LITTERÆR
LESER
FORTELLER
SIDE
POESI
AKTUELL
ROMAN
SKREVET
SERIE
HISTORIE
HISTORISK
TRAGISK

66 - Geografia

M	N	I	Ø	W	N	B	N	T	X	O	B	T	L
E	E	W	J	Y	A	T	L	A	S	P	R	B	E
K	D	R	O	N	S	L	W	I	K	B	E	A	N
U	R	I	I	L	P	A	U	M	Y	Y	D	A	G
X	E	E	M	D	W	N	D	Q	E	A	D	C	D
O	V	U	X	P	I	D	K	W	G	M	E	A	E
J	R	N	Q	V	D	A	Y	M	V	S	G	W	G
P	K	Z	T	M	X	V	N	J	X	Ø	R	R	R
H	A	L	V	K	U	L	E	X	A	R	A	E	A
K	O	N	T	I	N	E	N	T	C	H	D	G	D
R	K	M	R	S	M	G	V	O	O	V	E	I	A
O	D	N	A	L	E	D	Y	Ø	H	K	A	O	U
V	C	O	K	E	B	V	A	H	E	J	B	N	F
F	J	E	L	L	G	C	K	D	M	J	P	W	P

HØYDE
ATLAS
BY
KONTINENT
HALVKULE
ELV
ØY
BREDDEGRAD
LENGDEGRAD
KART
HAV
MERIDIAN
VERDEN
FJELL
NORD
VEST
LAND
REGION
SØR

67 - Cibo #1

P	R	G	R	M	L	B	Z	K	J	T	Z	Z	E
M	E	L	K	Y	N	A	B	J	V	G	R	Z	O
J	C	R	X	N	E	S	K	Ø	L	T	I	V	H
K	N	T	D	T	T	I	T	T	L	A	S	V	U
Z	N	H	K	E	E	L	S	T	E	C	I	U	J
J	N	E	P	E	L	I	A	A	N	G	G	Y	B
W	O	S	K	A	W	K	L	N	A	U	C	U	W
A	R	R	L	A	Y	U	A	I	K	L	B	L	T
V	T	B	D	Ø	K	M	T	P	W	R	R	K	A
R	I	E	N	B	K	E	T	S	D	O	R	O	W
U	S	V	C	A	Æ	P	Æ	R	E	T	E	T	E
Y	Z	I	U	C	V	R	S	U	K	K	E	R	I
T	U	N	F	I	S	K	C	K	D	R	Q	W	Z
D	J	H	M	R	L	W	M	X	K	F	M	C	W

HVITLØK
BASILIKUM
KANEL
KJØTT
GULROT
LØK
JORDBÆR
SALAT
MELK
SITRON
MYNTE
BYGG
PÆRE
NEPE
SALT
SPINAT
JUICE
TUNFISK
KAKE
SUKKER

68 - Aeroplani

Y	S	R	R	E	J	S	A	S	S	A	P	A	S
J	T	E	H	I	V	O	I	B	J	U	S	T	J
K	Z	T	V	R	Q	E	D	Y	Ø	H	L	M	R
O	Z	N	L	O	H	H	N	K	R	S	L	O	V
N	U	I	Y	T	L	L	Y	T	I	H	O	S	Q
S	B	N	D	S	C	E	U	D	Y	S	L	F	C
T	U	G	X	I	T	V	M	F	R	R	A	Æ	Q
R	U	G	I	H	R	M	O	U	T	O	D	R	L
U	G	N	I	N	M	A	T	S	V	A	G	E	E
K	N	I	M	G	G	N	O	L	L	A	B	E	S
S	U	D	I	W	V	E	R	E	G	I	V	A	N
J	Z	N	G	I	S	E	D	P	I	L	O	T	E
O	O	A	M	A	N	N	S	K	A	P	X	D	R
N	S	L	E	M	M	I	H	P	A	O	T	R	B

HØYDE
LUFT
ATMOSFÆRE
LANDING
EVENTYR
BRENSEL
HIMMEL
KONSTRUKSJON
DESIGN
RETNING
AVSTAMNING
MANNSKAP
HYDROGEN
MOTOR
NAVIGERE
BALLONG
PASSASJER
PILOT
HISTORIE

69 - Governo

R	E	T	T	F	E	R	D	I	G	H	E	T	T
S	J	N	A	S	J	O	N	A	L	P	L	M	E
B	Y	M	O	N	U	M	E	N	T	U	L	U	H
I	K	M	P	B	X	K	Y	Y	U	Z	H	M	G
D	K	Y	B	U	S	F	S	Q	B	A	N	R	I
R	I	F	V	O	L	O	V	L	I	G	O	V	G
E	T	S	K	E	L	S	S	N	A	S	J	O	N
T	I	L	T	E	S	T	T	N	A	S	S	L	E
T	L	I	E	R	F	A	A	U	C	U	U	N	H
S	O	V	H	D	I	T	L	I	S	K	K	N	V
L	P	I	I	N	E	K	E	N	X	O	S	U	A
I	J	S	R	Q	C	R	T	C	J	Z	I	R	U
G	O	C	F	U	K	G	W	O	E	V	D	G	T
D	E	M	O	K	R	A	T	I	I	T	B	D	R

LEDER
SIVIL
GRUNNLOV
DEMOKRATI
TALE
DISKUSJON
RETTSLIG
RETTFERDIGHET
UAVHENGIGHET
LOVLIG
LOV
FRIHET
MONUMENT
NASJONAL
NASJON
POLITIKK
DISTRIKT
SYMBOL
STAT

70 - Bellezza

Z	P	M	A	S	C	A	R	A	U	T	N	F	D
A	S	R	S	J	A	R	M	R	T	J	E	O	Z
S	P	E	O	P	M	A	J	S	H	E	B	T	G
O	E	L	E	D	N	Å	D	E	U	N	B	O	L
I	I	L	S	B	U	N	W	R	D	E	I	G	A
B	L	Ø	N	C	S	K	O	E	M	S	U	E	T
E	G	R	A	F	J	K	T	P	J	T	T	N	T
O	P	K	G	Q	O	I	F	E	J	E	N	N	S
N	M	I	E	A	Y	T	U	R	R	R	A	Q	I
F	K	W	L	H	C	E	D	M	I	W	G	O	L
V	G	E	E	C	M	M	G	K	V	C	E	L	Y
C	B	T	F	I	T	S	E	P	P	E	L	J	T
J	R	E	C	J	A	O	X	J	P	K	E	E	S
S	A	K	S	Q	R	K	M	C	N	Z	L	R	C

FARGE
KOSMETIKK
ELEGANT
ELEGANSE
SJARM
SAKS
FOTOGEN
DUFT
NÅDE
GLATT
MASCARA
OLJER
HUD
PRODUKTER
KRØLLER
LEPPESTIFT
TJENESTER
SJAMPO
SPEIL
STYLIST

71 - Avventura

U	I	P	F	U	T	F	L	U	K	T	X	Y	N
T	I	N	O	J	S	A	N	I	T	S	E	D	A
F	G	C	R	M	U	L	I	G	H	E	T	A	T
O	Z	P	B	S	L	Z	R	E	I	S	E	R	U
R	N	Y	E	T	U	R	E	S	I	E	R	G	R
D	O	D	R	E	S	N	A	J	S	R	M	V	Y
R	J	T	E	H	G	I	L	E	K	S	N	A	V
I	S	V	D	N	S	I	K	K	E	R	H	E	T
N	A	E	E	N	G	A	S	K	C	D	S	G	G
G	G	N	L	Ø	Y	P	L	D	T	U	E	I	Q
E	I	N	S	J	Y	C	B	B	H	N	P	L	U
R	V	E	E	K	Y	Q	V	L	S	J	M	R	G
E	A	R	R	S	U	V	A	N	L	I	G	A	H
F	N	A	K	T	I	V	I	T	E	T	U	F	D

VENNER
AKTIVITET
SKJØNNHET
SJANSE
DESTINASJON
VANSKELIGHET
UTFLUKT
GLEDE
UVANLIG
REISERUTE
NATUR
NAVIGASJON
NY
MULIGHET
FARLIG
FORBEREDELSE
UTFORDRINGER
SIKKERHET
REISER

72 - Forme

C	B	N	P	S	K	A	N	T	E	R	T	L	X
T	T	U	S	H	F	O	G	E	N	L	N	T	N
O	M	H	S	I	L	Æ	T	L	R	E	A	R	Y
R	E	D	N	X	G	W	R	G	Ø	G	K	V	Q
G	X	E	P	S	F	P	C	E	J	N	E	H	O
E	M	S	I	R	P	O	C	J	H	A	R	E	O
T	N	P	J	R	P	L	J	K	L	T	T	D	T
Q	F	I	N	E	W	Y	K	L	E	K	R	I	S
T	C	L	A	D	T	G	M	I	D	E	A	M	V
R	R	L	Y	N	W	O	E	N	I	R	U	A	H
B	U	E	T	I	E	N	V	J	S	X	B	R	I
V	J	Y	A	L	O	B	R	E	P	Y	H	Y	X
K	J	V	P	Y	M	M	U	Y	U	P	Z	P	W
Z	N	X	L	S	Q	E	K	K	M	S	T	A	Y

HJØRNE
BUE
KANTER
SIRKEL
SYLINDER
KJEGLE
KUBE
KURVE
ELLIPSE
HYPERBOLA
SIDE
LINJE
OVAL
PYRAMIDE
POLYGON
PRISME
TORGET
REKTANGEL
SFÆRE
TREKANT

73 - Oceano

S	K	I	L	P	A	D	D	E	B	B	A	R	K
B	S	A	Å	I	T	P	N	D	N	Z	M	E	U
L	I	H	H	F	G	Z	R	T	Q	C	W	G	T
E	F	G	X	I	X	L	S	E	I	G	R	L	I
K	N	U	Q	S	V	Q	Y	T	K	V	U	Ø	D
K	U	E	S	K	I	Z	H	L	O	E	E	B	E
S	T	G	U	D	Y	P	K	A	Z	R	W	S	V
P	Z	C	K	E	I	X	M	S	O	Q	M	V	A
R	M	A	V	L	A	V	H	O	Z	O	L	A	N
U	S	H	P	F	Ø	S	T	E	R	S	D	M	N
T	T	D	D	I	K	O	R	A	L	L	X	P	M
A	Å	F	B	N	Q	E	S	F	Q	O	V	R	V
B	U	B	M	S	I	X	Z	S	Z	E	D	H	U
M	A	N	E	T	E	P	W	D	Q	R	G	N	J

ÅL
HVAL
BÅT
KORALL
DELFIN
REKE
KRABBE
TIDEVANN
MANET
BØLGER

ØSTERS
FISK
BLEKKSPRUT
SALT
REV
SVAMP
HAI
SKILPADDE
STORM
TUNFISK

74 - Creatività

D	S	I	F	Ø	L	E	L	S	E	R	S	I	I
R	P	F	N	V	I	S	J	O	N	E	R	O	N
A	O	L	B	N	V	G	I	D	E	E	R	P	T
M	N	Y	U	D	T	P	U	J	D	S	Z	P	U
A	T	T	J	T	E	R	M	Z	L	L	Y	F	I
T	A	N	V	E	T	C	Y	E	I	E	V	I	S
I	N	K	E	H	I	R	K	K	B	L	C	N	J
S	D	J	L	G	S	P	Y	L	K	Ø	X	N	O
K	P	G	E	I	N	X	E	K	A	F	U	S	N
U	I	B	S	D	E	P	H	F	K	R	V	O	P
T	G	Z	Z	R	T	S	T	H	K	O	H	M	X
K	S	I	R	E	N	T	S	N	U	K	X	E	R
L	P	L	X	F	I	F	A	N	T	A	S	I	T
I	N	S	P	I	R	A	S	J	O	N	S	K	L

FERDIGHET
KUNSTNERISK
KLARHET
DRAMATISK
FØLELSER
UTTRYKK
FLYT
IDEER
FANTASI
BILDE
INNTRYKK
INTENSITET
INTUISJON
OPPFINNSOM
INSPIRASJON
FØLELSE
SPONTAN
VISJONER

75 - Veicoli

O	L	K	D	Z	R	A	M	S	H	Q	F	O	V
W	A	D	Q	Z	E	U	U	L	E	K	K	Y	S
A	S	A	C	D	T	U	M	J	L	Q	Q	I	G
V	T	T	N	G	O	V	G	N	I	P	M	A	C
F	E	Å	W	K	O	E	T	I	K	X	T	S	Z
E	B	R	B	W	C	T	W	T	O	Y	A	E	C
R	I	X	V	M	S	U	S	Z	P	Q	P	T	E
J	L	M	O	T	O	R	B	V	T	Z	W	J	U
E	T	Å	L	F	T	V	I	V	E	V	B	H	U
T	F	L	Y	U	N	J	L	G	R	D	E	K	K
U	N	D	E	R	V	A	N	N	S	B	Å	T	Y
T	R	A	K	T	O	R	M	R	A	K	E	T	T
A	M	B	U	L	A	N	S	E	A	K	V	O	S
A	X	B	S	N	Q	E	F	B	B	U	S	S	Q

FLY
AMBULANSE
BIL
BUSS
BÅT
SYKKEL
LASTEBIL
CAMPINGVOGN
HELIKOPTER
MOTOR
DEKK
RAKETT
SCOOTER
UNDERVANNSBÅT
TAXI
FERJE
TRAKTOR
TOG
FLÅTE

76 - Emozioni

T	A	K	K	N	E	M	L	I	G	O	V	K	O
V	E	N	N	L	I	G	H	E	T	J	O	J	V
R	O	L	I	G	F	L	A	U	L	F	W	E	E
H	G	R	Q	G	I	S	J	U	Y	R	P	D	R
L	M	Y	X	B	L	P	L	X	K	E	C	S	R
X	E	W	L	I	B	E	M	L	K	D	X	O	A
S	H	T	L	K	Y	N	D	X	S	N	A	M	S
T	D	S	T	T	W	N	F	E	A	Y	S	H	K
A	D	Q	D	E	B	I	T	C	L	F	Y	E	E
Y	K	C	A	H	L	S	X	Y	I	R	M	T	L
V	I	F	M	M	E	S	J	Z	G	Y	P	F	S
F	O	R	N	Ø	Y	D	E	T	H	K	A	V	E
I	N	N	H	O	L	D	O	D	E	T	T	G	R
A	V	S	L	A	P	P	E	T	T	Q	I	F	J

LYKKSALIGHET
ROLIG
INNHOLD
VENNLIGHET
GLEDE
TAKKNEMLIG
FLAU
KJEDSOMHET
FRED
FRYKT
SINNE
AVSLAPPET
LETTELSE
SYMPATI
FORNØYD
OVERRASKELSE
ØMHET
RO

77 - Natura

R	Y	T	C	S	D	E	K	Å	T	J	Y	D	A
C	V	K	R	Y	D	E	R	B	S	I	V	A	R
Y	C	L	K	O	M	X	P	O	K	D	W	A	K
S	K	Y	E	R	P	G	M	Q	S	U	Z	T	T
F	S	L	J	L	L	I	V	N	U	J	Z	E	I
E	I	S	K	O	G	L	S	E	B	V	O	H	S
F	M	L	R	Q	B	O	C	K	I	I	J	N	K
J	A	A	E	K	D	R	Q	R	E	K	Q	N	F
E	N	C	V	B	X	I	M	Ø	R	T	E	Ø	M
L	Y	G	V	I	L	Z	E	P	R	I	S	J	N
L	D	J	Ø	F	E	K	J	P	Y	G	D	K	V
I	W	M	L	C	Y	J	V	L	G	J	F	S	W
F	B	G	H	P	J	F	O	L	N	Y	E	B	C
Z	H	E	L	L	I	G	D	O	M	B	Y	J	X

DYR
BIER
ARKTISK
SKJØNNHET
ØRKEN
DYNAMISK
EROSJON
ELV
LØVVERK
SKOG
ISBRE
FJELL
TÅKE
SKYER
LY
HELLIGDOM
VILL
ROLIG
TROPISK
VIKTIG

78 - Balletto

N	G	B	A	L	L	E	R	I	N	A	O	U	L
F	I	E	R	E	S	N	A	D	X	P	R	T	L
E	F	O	S	U	A	L	P	P	A	O	K	T	M
O	A	G	D	T	W	Z	H	Z	S	W	E	R	U
B	R	G	W	F	R	F	L	K	G	B	S	Y	S
K	G	T	E	K	N	I	K	K	N	N	T	K	K
K	O	E	T	P	R	A	K	S	I	S	E	K	L
I	E	M	N	O	X	L	K	V	V	P	R	S	E
S	R	T	P	G	R	A	S	I	Ø	S	Y	F	R
U	O	Y	I	O	S	T	I	L	S	U	I	U	O
M	K	R	U	Y	N	X	A	K	A	Y	U	L	J
U	E	T	E	H	G	I	D	R	E	F	K	L	O
K	S	I	R	E	N	T	S	N	U	K	U	V	A
P	U	B	L	I	K	U	M	T	M	C	W	Q	L

FERDIGHET
APPLAUS
KUNSTNERISK
BALLERINA
DANSERE
KOMPONIST
KOREOGRAFI
UTTRYKKSFULL
GEST
GRASIØS
MUSKLER
MUSIKK
ORKESTER
PRAKSIS
ØVING
PUBLIKUM
RYTME
STIL
TEKNIKK

79 - Paesi #1

G	Q	Z	L	V	N	S	K	T	V	V	K	Z	L
F	O	N	J	Y	J	P	Q	Y	E	Q	A	B	G
A	K	R	K	V	S	A	N	S	N	I	M	P	V
V	K	P	O	L	C	N	O	K	E	R	B	O	E
S	O	C	I	M	X	I	R	L	Z	A	O	L	G
C	R	Q	T	Z	A	A	G	A	U	K	D	E	Y
B	A	J	M	J	A	N	E	N	E	R	S	N	P
R	M	N	L	Z	M	L	I	D	L	F	J	M	T
A	A	F	A	U	A	E	Z	A	A	N	A	Q	Y
S	N	Z	G	D	N	A	L	N	I	F	L	C	G
I	T	B	E	W	A	R	I	L	D	L	E	P	U
L	E	H	N	Y	P	S	B	U	N	Y	A	F	B
D	I	B	E	D	O	I	Y	Q	I	A	S	M	T
C	V	H	S	R	U	S	A	J	E	Y	R	Y	M

BRASIL
KAMBODSJA
CANADA
EGYPT
FINLAND
TYSKLAND
INDIA
IRAK
ISRAEL
LIBYA
MALI
MAROKKO
NORGE
PANAMA
POLEN
ROMANIA
SENEGAL
SPANIA
VENEZUELA
VIETNAM

80 - Geometria

F	L	A	T	E	G	B	Q	H	C	D	W	N	L
C	E	F	Z	A	N	D	E	L	Ø	K	M	Z	T
N	K	H	E	L	C	D	A	Y	P	Y	I	S	Z
Q	R	P	R	L	A	H	I	M	J	Q	D	Z	Z
V	I	N	K	E	L	P	R	J	T	P	Z	E	U
L	S	O	N	L	T	E	T	N	E	M	G	E	S
I	V	J	U	L	N	E	E	L	S	R	R	V	T
G	E	S	M	A	A	N	M	N	O	F	Q	R	E
N	R	N	M	R	K	G	M	A	Z	G	M	U	O
I	T	E	E	A	E	F	Y	I	I	H	I	K	R
N	I	M	R	P	R	R	S	D	Y	D	X	K	I
G	K	I	F	N	T	U	O	E	F	T	K	F	K
J	A	D	M	I	E	P	W	M	J	F	N	Q	P
U	L	H	O	R	I	S	O	N	T	A	L	R	N

HØYDE
VINKEL
SIRKEL
KURVE
DIAMETER
DIMENSJON
LIGNING
LOGIKK
MEDIAN
NUMMER
HORISONTAL
PARALLELL
ANDEL
SEGMENTET
SYMMETRI
FLATE
TEORI
TREKANT
VERTIKAL

81 - Foresta Pluviale

V	E	R	D	I	F	U	L	L	A	M	I	L	K
F	U	G	L	E	R	D	L	O	F	G	N	A	M
I	I	U	U	C	C	I	O	V	A	A	S	T	R
A	M	F	I	B	I	E	R	F	R	Y	E	I	E
S	P	F	E	Q	M	B	D	J	T	I	K	L	S
A	B	A	H	V	O	I	O	W	Y	N	T	F	P
M	U	D	T	J	S	T	T	T	V	R	E	L	E
F	Z	Z	P	T	E	S	E	K	A	Y	R	U	K
U	K	P	Q	L	E	G	N	U	J	N	J	K	T
N	N	A	T	U	R	D	K	Q	W	B	I	T	A
N	U	R	F	O	L	K	Y	R	E	Y	K	S	G
E	M	W	E	B	G	N	I	R	A	V	E	B	K
T	O	V	E	R	L	E	V	E	L	S	E	R	N
R	E	S	T	A	U	R	E	R	I	N	G	W	I

AMFIBIER
BOTANISK
KLIMA
SAMFUNNET
MANGFOLD
JUNGEL
URFOLK
INSEKTER
PATTEDYR
MOSE
NATUR
SKYER
BEVARING
VERDIFULL
RESTAURERING
TILFLUKT
RESPEKT
OVERLEVELSE
ART
FUGLER

82 - Edifici

H	J	B	N	O	I	D	A	T	S	U	V	X	L
X	E	Q	P	L	J	X	H	A	K	D	H	W	E
S	N	R	Å	T	Å	V	U	W	O	B	O	W	I
N	O	L	B	R	A	V	Y	G	L	Z	T	B	L
G	P	O	R	E	T	A	E	T	E	W	E	J	I
F	C	K	K	I	R	B	A	F	T	O	L	D	G
T	T	E	L	T	R	G	W	K	M	R	L	T	H
U	M	D	R	D	N	N	E	T	T	Y	H	E	E
S	U	P	E	R	M	A	R	K	E	D	L	T	T
K	E	K	A	P	I	T	S	U	H	E	K	Y	S
I	S	H	Z	L	N	S	J	L	A	O	N	P	K
N	U	K	H	F	S	N	B	N	O	W	X	K	X
O	M	H	V	K	Z	H	P	B	D	T	E	J	S
A	M	B	A	S	S	A	D	E	G	L	T	H	P

AMBASSADE
LEILIGHET
HYTTE
SLOTT
KINO
FABRIKK
LÅVE
HOTELL
MUSEUM
SYKEHUS
HERBERGE
SKOLE
STADION
SUPERMARKED
TEATER
TELT
TÅRN

83 - Paesi #2

A	I	R	E	B	I	L	U	S	U	D	A	N	Y
L	E	N	I	G	E	R	I	A	J	M	J	O	A
B	T	K	L	P	K	T	S	H	Z	L	S	I	N
A	I	R	Y	S	P	Z	I	V	E	I	W	L	I
N	O	A	T	A	A	X	I	J	J	R	F	F	A
I	P	M	T	L	K	D	N	A	L	S	S	U	R
A	I	N	I	L	I	U	G	M	L	R	X	D	K
M	A	A	R	E	S	G	H	A	A	A	R	O	U
W	A	D	L	H	T	A	A	I	P	T	O	T	L
M	E	K	A	U	A	N	I	C	E	Z	C	S	G
N	A	O	N	N	N	D	T	A	N	C	I	K	U
V	B	G	D	L	Z	A	I	E	O	H	X	A	V
I	N	D	O	N	E	S	I	A	K	K	E	T	C
B	E	I	I	I	A	J	A	P	A	N	M	N	N

ALBANIA
DANMARK
ETIOPIA
JAMAICA
JAPAN
HELLAS
HAITI
INDONESIA
IRLAND
LAOS
LIBERIA
MEXICO
NEPAL
NIGERIA
PAKISTAN
RUSSLAND
SYRIA
SUDAN
UKRAINA
UGANDA

84 - Tipi di Capelli

K	Y	M	V	B	N	H	W	G	G	H	F	S	Q
T	R	J	Z	R	Y	I	V	I	R	Z	L	T	Z
E	N	Ø	F	U	J	C	B	T	Å	E	E	R	J
L	K	Q	L	N	I	X	P	A	Y	N	T	Z	T
L	V	C	T	L	X	D	M	P	X	L	T	L	Z
A	M	C	M	I	E	H	C	A	X	D	E	T	F
K	C	C	D	F	R	T	R	A	V	S	R	Y	L
S	R	R	Ø	T	E	G	R	A	F	O	O	K	E
X	U	Ø	B	L	O	N	D	F	J	M	J	K	T
V	Y	N	L	X	B	A	M	O	H	C	Z	N	T
E	F	N	N	L	Y	L	Q	J	V	L	Ø	S	E
F	Y	Y	J	Y	E	J	Y	H	I	R	Y	X	T
U	H	T	H	Y	T	R	O	K	T	T	A	L	G
F	G	M	Y	P	I	T	R	N	R	E	D	U	Z

SØLV
TØRR
HVIT
BLOND
KORT
SKALLET
FARGET
GRÅ
FLETTET
GLATT
LANG
BRUN
MYK
SVART
KRØLLET
KRØLLER
SUNN
TYNN
TYKK
FLETTER

85 - Vestiti

S	P	K	I	Q	E	E	C	M	O	L	J	M	F
L	Y	F	H	G	U	M	R	P	Q	U	E	N	R
E	J	R	O	O	T	E	T	B	M	W	A	R	A
A	A	E	T	R	Ø	J	K	S	L	D	N	Q	K
S	M	J	T	E	K	K	A	J	H	U	S	E	K
A	A	K	A	K	K	L	J	D	F	U	S	D	D
N	S	S	H	S	Z	A	E	O	T	R	N	E	N
D	L	X	G	N	Y	Y	C	T	L	X	R	J	S
A	G	J	N	A	B	E	L	T	E	E	N	K	K
L	A	L	T	H	G	E	N	S	E	R	X	S	O
E	M	Y	B	I	E	T	R	O	J	K	S	L	R
R	V	R	Q	I	S	O	B	U	K	S	E	A	Z
N	Y	L	X	Y	P	M	H	P	O	R	V	H	E
Z	L	G	K	C	A	R	M	B	Å	N	D	I	C

KJOLE
ARMBÅND
BLUSE
SKJORTE
HATT
FRAKK
BELTE
HALSKJEDE
JAKKE
SKJØRT

FORKLE
HANSKER
JEANS
GENSER
MOTE
BUKSE
PYJAMAS
SANDALER
SKO
SKJERF

86 - Attività e Tempo Libero

F	B	S	V	F	O	T	T	U	R	E	R	Y	B
O	A	U	X	O	D	E	K	S	I	F	S	Z	L
T	S	R	R	S	L	P	O	V	I	L	A	D	K
B	E	F	L	O	G	L	Z	Q	R	N	T	O	U
A	B	I	F	K	V	R	E	O	W	P	N	A	N
L	A	N	K	B	S	T	J	Y	G	T	H	E	S
L	L	G	I	O	B	V	X	F	B	Z	A	H	T
F	L	R	E	I	S	E	Ø	F	F	A	I	G	X
M	A	L	E	R	I	L	N	M	Q	D	L	D	A
D	Y	K	K	I	N	G	J	D	M	R	J	L	F
C	A	M	P	I	N	G	L	F	G	I	Q	C	X
B	A	S	K	E	T	B	A	L	L	J	N	S	S
G	A	V	S	L	A	P	P	E	N	D	E	G	E
S	H	O	P	P	I	N	G	N	I	S	K	O	B

KUNST
BASEBALL
BASKETBALL
BOKSING
FOTBALL
CAMPING
FOTTURER
GOLF
DYKKING
SVØMMING
VOLLEYBALL
FISKE
MALERI
AVSLAPPENDE
SHOPPING
SURFING
TENNIS
REISE

87 - Arte

V	I	S	U	E	L	L	R	P	Æ	P	I	H	K
A	J	K	B	R	S	R	A	C	R	E	N	E	O
P	E	R	S	O	N	L	I	G	L	E	S	S	M
V	M	U	L	I	S	E	O	P	I	W	P	V	P
P	S	G	G	Z	M	Q	H	I	G	N	I	O	L
S	I	I	R	K	L	A	O	K	K	D	R	R	E
Y	L	F	H	J	D	S	R	M	A	M	E	I	K
M	A	S	K	A	P	E	U	E	G	A	R	G	S
B	E	K	Z	T	Q	E	T	R	K	L	T	I	H
O	R	P	X	J	S	N	P	D	C	E	H	N	U
L	R	E	M	N	E	K	L	L	C	R	K	A	M
E	U	G	A	N	R	E	U	I	A	I	X	L	Ø
R	S	C	G	Z	U	L	K	K	Z	E	E	O	R
U	T	T	R	Y	K	K	S	S	O	R	G	K	L

KERAMISK
KOMPLEKS
SKAPE
MALERIER
UTTRYKK
FIGUR
INSPIRERT
ÆRLIG
ORIGINAL
PERSONLIG
POESI
SKILDRE
SKULPTUR
ENKEL
SYMBOL
EMNE
SURREALISME
HUMØR
VISUELL

88 - Meteo

U	K	Z	Z	M	S	O	I	H	N	I	T	N	X
P	I	U	I	D	X	M	R	O	T	S	O	N	E
N	O	D	A	N	R	O	T	K	J	O	R	T	N
M	Q	L	R	I	L	O	K	E	A	F	D	Å	G
V	G	M	A	V	W	L	R	J	I	N	E	K	T
N	X	I	D	R	M	O	N	S	U	N	N	E	L
Q	D	S	S	N	O	L	T	R	O	P	I	S	K
R	E	G	N	B	U	E	K	R	Ø	T	H	T	X
W	R	E	N	T	E	M	P	E	R	A	T	U	R
U	T	H	L	Y	K	M	M	L	J	O	E	H	R
K	L	I	M	A	Q	I	J	D	Y	H	F	K	Ø
M	R	Y	Q	L	W	H	X	T	K	N	N	N	T
A	T	M	O	S	F	Æ	R	E	S	O	D	H	V
Z	T	F	Q	P	M	D	C	B	R	I	S	M	L

REGNBUE
TØRR
ATMOSFÆRE
BRIS
HIMMEL
KLIMA
LYN
IS
MONSUN
TÅKE
SKY
POLAR
TØRKE
TEMPERATUR
STORM
TORNADO
TROPISK
TORDEN
ORKAN
VIND

89 - Corpo Umano

M	N	W	T	E	U	O	M	A	P	R	K	J	R
D	U	H	J	E	R	T	E	N	K	B	E	I	N
D	Q	N	E	Ø	R	E	H	K	K	Z	S	X	W
O	U	B	N	H	A	K	E	E	N	R	E	J	H
F	A	N	S	I	K	T	G	L	L	S	N	X	Z
P	I	T	G	L	K	H	A	B	A	L	B	U	E
B	D	N	C	Y	L	O	M	F	K	A	I	I	R
W	R	F	G	R	E	D	B	D	S	H	U	R	W
S	T	P	F	E	P	E	H	L	M	Y	G	V	X
Y	W	I	Ø	U	R	W	F	G	O	Y	H	X	U
Q	C	J	Y	C	A	R	O	J	S	D	N	Å	H
B	E	K	E	S	K	U	L	D	E	R	T	S	E
B	H	I	M	C	U	Z	S	V	R	H	B	E	Z
V	X	Z	K	J	C	K	Y	T	R	Y	T	F	L

MUNN
ANKEL
HJERNE
HALS
HJERTE
FINGER
ANSIKT
BEIN
KNE
ALBUE

HÅND
HAKE
NESE
ØYE
ØRE
HUD
BLOD
SKULDER
MAGE
HODE

90 - Mammiferi

K	A	T	T	S	J	I	R	A	F	F	E	P	F
G	L	S	S	E	B	R	A	J	M	Q	L	B	Y
H	L	E	R	J	R	H	E	S	N	T	E	T	Y
K	I	H	O	W	W	B	V	E	R	D	F	Y	R
F	R	U	V	Y	N	I	N	A	K	O	A	V	F
Z	O	M	S	K	V	N	R	U	L	O	N	D	S
D	G	G	I	N	L	L	R	S	X	D	T	O	Q
V	G	N	X	X	U	W	U	B	J	Ø	R	N	Y
M	X	L	B	U	A	F	K	E	N	G	U	R	U
Q	C	C	J	A	S	U	H	S	I	A	P	E	G
L	M	W	H	R	V	T	J	K	F	R	O	T	I
E	Ø	C	P	A	P	G	O	O	L	S	Æ	Z	L
V	G	V	L	H	J	Q	R	X	E	U	Y	R	M
T	E	U	E	Q	J	M	T	F	D	N	U	H	P

HVAL
HUND
KENGURU
HEST
HJORT
KANIN
PRÆRIEULV
DELFIN
ELEFANT
KATT
SJIRAFF
GORILLA
LØVE
ULV
BJØRN
SAU
APE
OKSE
REV
SEBRA

91 - Animali Domestici

F	K	X	K	N	J	C	V	Q	H	H	H	N	P
I	J	L	Y	G	N	I	K	G	A	H	U	N	D
S	E	Y	Ø	G	E	P	A	P	M	Q	Z	S	A
K	K	G	R	R	L	L	Q	Z	S	U	M	K	A
N	N	O	V	J	A	A	G	A	T	A	M	I	V
R	I	A	X	I	H	V	R	Ø	E	K	E	L	F
K	N	L	H	D	A	T	N	V	R	U	Y	P	D
K	A	T	I	N	U	L	Q	B	Z	X	M	A	I
D	K	T	I	E	G	J	P	S	P	L	G	D	N
R	W	F	T	V	M	P	S	D	G	K	P	D	D
K	A	T	T	U	N	G	E	J	V	R	Y	E	L
V	E	T	E	R	I	N	Æ	R	K	A	L	B	G
J	B	Å	N	D	V	A	N	N	V	G	C	V	D
X	R	T	O	E	R	J	O	J	H	E	K	T	H

VANN
KLØR
HUND
GEIT
MAT
HALE
KRAGE
KANIN
HAMSTER
VALP
KATTUNGE
KATT
BÅND
ØGLE
KU
PAPEGØYE
FISK
SKILPADDE
MUS
VETERINÆR

92 - Cucina

O	P	G	K	T	B	C	B	M	Q	C	C	T	B
V	J	A	R	J	A	T	E	F	M	X	W	F	O
D	M	S	E	I	Ø	S	Z	F	X	D	G	I	L
O	B	N	E	L	L	L	G	A	F	L	E	R	L
V	T	O	J	L	M	L	E	D	Z	G	L	K	E
J	T	I	K	J	A	W	E	S	Ø	G	E	S	G
R	E	F	S	G	T	W	I	N	K	A	J	P	G
S	I	D	P	K	R	U	D	U	B	A	K	P	U
F	V	K	R	U	K	K	E	J	J	R	P	O	M
S	R	E	P	P	O	K	F	J	I	Y	M	M	H
O	E	Y	B	Q	T	Y	U	M	I	T	A	P	V
Z	S	G	S	K	N	I	V	E	R	N	V	O	K
B	T	Q	P	E	L	K	R	O	F	T	S	M	Q
W	E	O	A	N	R	E	D	D	Y	R	K	P	R

KJELE
MUGGE
MAT
BOLLE
KNIVER
FRYSER
SKJEER
GAFLER
OVN
KJØLESKAP
FORKLE
GRILLE
ØSE
OPPSKRIFT
KRYDDER
SVAMP
KOPPER
SERVIETT
KRUKKE

93 - Giardinaggio

E	G	A	H	T	K	U	R	F	H	B	H	L	S
W	S	K	I	T	T	O	M	E	J	R	F	Ø	E
L	T	V	S	W	R	H	M	J	D	G	A	V	S
M	V	A	V	I	A	U	H	P	A	P	S	V	O
D	U	N	E	G	N	A	L	S	O	J	F	E	N
A	T	N	J	H	W	A	T	K	Z	S	F	R	G
L	T	H	M	V	N	J	T	P	L	G	T	K	M
B	E	H	O	L	D	E	R	O	C	I	D	U	E
E	K	S	O	T	I	S	K	J	B	L	M	I	S
W	U	X	H	A	D	R	D	O	I	E	K	A	S
D	B	X	A	L	V	G	Ø	R	F	S	D	G	I
B	L	O	M	S	T	E	R	D	E	I	B	T	G
B	L	O	M	S	T	R	E	B	A	P	A	Q	M
F	U	K	T	I	G	H	E	T	E	S	C	B	D

VANN
BOTANISK
KLIMA
SPISELIG
KOMPOST
BEHOLDER
EKSOTISK
BLOMSTRE
BLOMSTER
BLAD
LØVVERK
FRUKTHAGE
BUKETT
FRØ
ART
SKITT
SESONGMESSIG
JORD
SLANGE
FUKTIGHET

94 - Universo

M	D	H	H	G	N	H	A	A	X	B	A	B	U
Ø	E	K	F	B	I	I	T	S	Y	N	S	Y	S
R	C	P	A	X	H	M	M	T	A	S	T	H	S
K	W	B	Q	U	L	M	O	R	H	P	R	G	Y
E	G	S	A	Y	L	E	S	O	X	X	O	A	N
U	T	F	O	A	Q	L	F	N	O	O	N	L	L
K	N	H	H	L	K	S	Æ	O	E	F	O	A	I
P	O	G	L	A	V	K	R	M	E	A	M	X	G
S	S	S	E	P	L	E	E	N	Å	M	I	Y	F
W	I	H	M	Y	X	V	R	S	O	L	A	R	Z
W	R	J	M	I	A	F	K	V	F	M	C	I	W
O	O	X	I	L	S	H	O	U	W	K	J	P	T
R	H	U	H	P	O	K	S	E	L	E	T	T	D
B	R	E	D	D	E	G	R	A	D	E	N	A	B

ASTRONOMI
ASTRONOM
ATMOSFÆRE
MØRKE
HIMMELSK
HIMMEL
KOSMISK
HALVKULE
GALAXY
BREDDEGRAD
MÅNE
BANE
HORISONT
SOLAR
SOLVERV
TELESKOP
SYNLIG

95 - Jazz

O	T	G	A	M	M	E	L	N	G	B	T	I	D
K	R	E	G	N	A	J	S	Q	N	J	E	M	S
B	E	K	K	I	S	U	M	W	I	Y	K	P	V
F	S	T	E	Y	Y	Q	B	A	N	U	N	R	K
S	N	E	M	S	H	I	N	E	T	G	I	O	O
U	O	K	T	E	T	M	Ø	R	E	B	K	V	M
A	K	G	Y	S	L	E	Q	T	S	B	K	I	P
L	L	Y	R	A	E	A	R	A	N	O	G	S	O
P	I	B	G	N	U	M	T	L	E	Q	Z	A	N
P	T	F	U	G	B	G	R	E	M	M	U	S	I
A	S	D	J	M	W	N	N	N	M	N	J	J	S
K	U	N	S	T	N	E	R	T	A	M	A	O	T
V	E	K	T	H	T	A	B	N	S	Z	Y	N	P
F	A	V	O	R	I	T	T	E	R	P	N	K	I

ALBUM
APPLAUS
KUNSTNER
SANG
KOMPONIST
SAMMENSETNING
KONSERT
VEKT
BERØMT
SJANGER

IMPROVISASJON
MUSIKK
NY
ORKESTER
FAVORITTER
RYTME
STIL
TALENT
TEKNIKK
GAMMEL

96 - Vacanze #2

W	F	T	R	A	N	S	P	O	R	T	O	A	V
R	E	S	T	A	U	R	A	N	T	L	H	Z	Z
H	W	Z	I	M	M	Y	R	Z	M	N	A	Q	Z
V	O	F	M	U	S	I	V	D	C	R	W	A	C
B	K	T	N	O	J	S	A	N	I	T	S	E	D
E	I	R	E	F	S	S	H	A	X	O	L	B	Y
Q	U	A	M	L	R	A	T	R	A	G	C	E	O
Z	P	K	W	R	L	P	J	T	T	X	A	S	T
H	T	T	E	F	R	E	R	S	L	F	M	I	B
U	T	L	E	N	D	I	N	G	K	R	P	E	I
R	T	U	U	B	H	B	M	Z	G	I	I	R	L
F	L	Y	P	L	A	S	S	E	N	T	N	R	D
H	G	T	Ø	I	H	V	B	K	D	I	G	Z	E
O	J	P	Z	Q	Z	K	K	F	P	D	C	E	R

FLYPLASSEN
CAMPING
DESTINASJON
BILDER
HOTELL
ØY
KART
HAV
PASS
RESTAURANT
STRAND
UTLENDING
TAXI
FRITID
TELT
TRANSPORT
TOG
FERIE
REISE
VISUM

97 - Attività

D	R	F	O	T	T	U	R	E	R	J	C	N	D
W	A	H	Å	N	D	V	E	R	K	F	A	F	F
Y	W	N	U	X	B	I	F	P	R	I	K	K	G
S	G	T	S	H	C	M	A	G	I	S	I	I	T
Y	N	Z	G	L	X	A	Q	L	R	K	C	N	F
U	I	S	N	K	K	I	M	A	R	E	K	T	R
Z	N	W	N	T	U	G	A	P	K	B	X	E	I
F	P	M	G	H	P	H	P	W	I	Y	V	R	T
H	A	G	E	A	R	B	E	I	D	N	B	E	I
K	L	L	I	P	S	O	D	D	K	Y	G	S	D
U	S	F	I	W	I	F	E	E	U	E	S	S	U
I	V	C	C	B	L	G	L	G	N	I	S	E	L
A	A	Y	C	P	I	C	G	R	S	D	I	R	T
A	K	T	I	V	I	T	E	T	T	C	Z	N	B

KUNST
HÅNDVERK
AKTIVITET
JAKT
CAMPING
KERAMIKK
SY
DANS
FOTTURER
HAGEARBEID
SPILL
INTERESSER
LESING
MAGI
FISKE
GLEDE
AVSLAPNING
FRITID

98 - Diplomazia

P	R	E	T	T	F	E	R	D	I	G	H	E	T
Q	O	I	N	T	E	G	R	I	T	E	T	B	D
C	D	L	K	C	S	I	K	K	E	R	H	E	T
I	I	E	I	Z	T	N	X	S	R	E	R	D	E
V	S	T	O	T	K	R	B	I	E	V	E	A	N
I	K	I	L	A	I	R	Y	T	G	I	G	S	N
C	U	K	U	T	L	K	Z	A	R	G	J	S	U
C	S	K	N	K	F	J	K	M	O	D	E	A	F
T	J	H	V	A	N	D	F	O	B	Å	R	B	M
H	O	C	E	R	O	C	C	L	P	R	I	M	A
R	N	A	D	T	K	Q	Y	P	U	D	N	A	S
W	P	N	T	L	Ø	S	N	I	N	G	G	Y	J
F	X	H	A	Q	O	I	F	D	Z	E	U	C	M
K	O	Z	K	S	A	M	A	R	B	E	I	D	G

AMBASSADE
BORGERE
CIVIC
SAMFUNNET
KONFLIKT
RÅDGIVER
SAMARBEID
DIPLOMATISK
DISKUSJON
ETIKK
RETTFERDIGHET
REGJERING
INTEGRITET
POLITIKK
VEDTAK
SIKKERHET
LØSNING
TRAKTAT

99 - Forniture Artistiche

K	A	F	R	V	D	Z	N	J	C	E	B	A	N
K	R	R	N	M	I	I	D	E	E	R	O	K	I
E	E	E	N	R	R	S	K	V	E	U	R	V	C
L	M	G	A	E	N	X	K	W	A	B	D	A	H
B	A	R	V	T	R	B	E	E	R	W	A	R	V
W	K	A	L	N	I	E	W	I	L	Q	E	E	C
R	H	F	S	A	L	V	X	H	C	Æ	E	L	M
I	A	C	F	Y	E	B	I	K	H	R	R	L	A
U	D	M	X	L	F	Z	T	T	M	L	I	E	L
K	V	P	M	B	F	L	I	M	E	O	E	R	I
U	V	V	P	D	A	C	K	A	P	T	L	D	N
L	Y	R	K	A	T	A	X	R	G	S	T	J	G
L	E	C	M	B	S	W	Y	M	W	O	D	Q	E
B	Ø	R	S	T	E	R	I	P	A	P	O	O	E

VANN
AKVARELLER
AKRYL
LEIRE
KULL
PAPIR
STAFFELI
LIM
FARGER
KREATIVITET

VISKELÆR
IDEER
BLEKK
BLYANTER
OLJE
STOL
BØRSTER
BORD
KAMERA
MALING

100 - Misurazioni

C	H	J	O	L	I	K	B	J	Y	W	Y	V	O
L	L	A	M	I	S	E	D	R	U	Q	Z	I	U
H	U	J	U	T	Q	U	N	A	E	M	M	O	T
M	A	G	P	E	D	G	N	E	L	D	A	Z	M
T	D	M	A	R	G	J	O	F	C	H	D	Z	I
C	E	N	T	I	M	E	T	E	R	T	R	E	N
H	A	L	V	L	I	T	E	R	L	G	U	Q	U
C	W	F	N	D	L	Y	I	F	J	T	R	Z	T
T	M	E	Q	Y	Y	B	C	E	J	G	H	A	T
Z	Q	T	V	Q	V	B	F	H	Ø	Y	D	E	D
M	E	T	E	R	H	V	D	L	K	I	A	V	Q
V	O	L	U	M	L	U	G	E	Z	N	C	E	U
E	Q	V	K	I	L	O	M	E	T	E	R	K	G
H	N	G	B	O	U	N	S	E	X	L	E	T	M

HØYDE
BYTE
CENTIMETER
KILO
KILOMETER
DESIMAL
GRAD
GRAM
BREDDE
LITER
LENGDE
METER
MINUTT
UNSE
VEKT
HALVLITER
TOMME
DYBDE
TONN
VOLUM

1 - Salute e Benessere #2

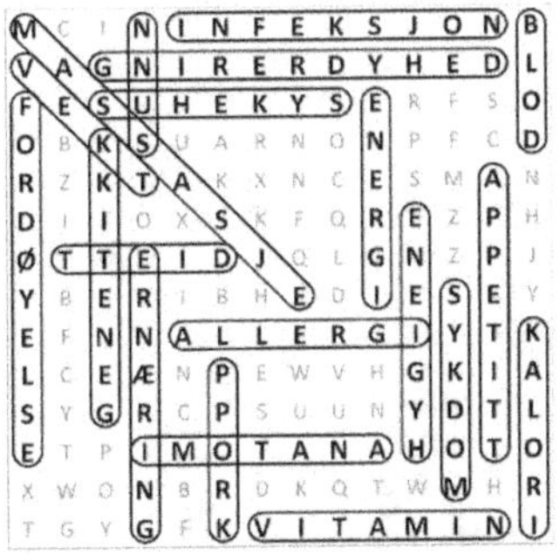

2 - Aggettivi #2

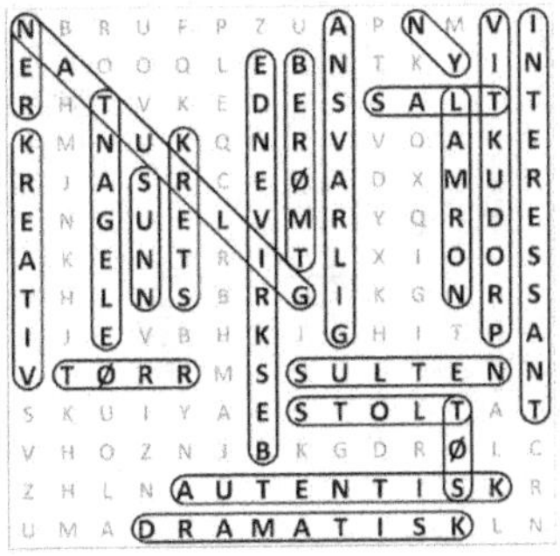

3 - Pesca

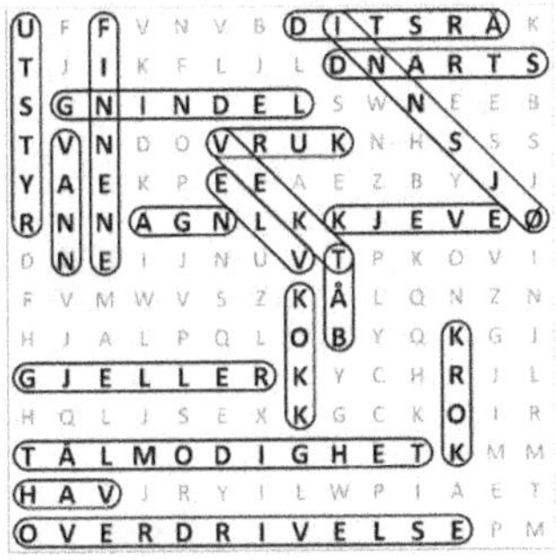

4 - Ingegneria

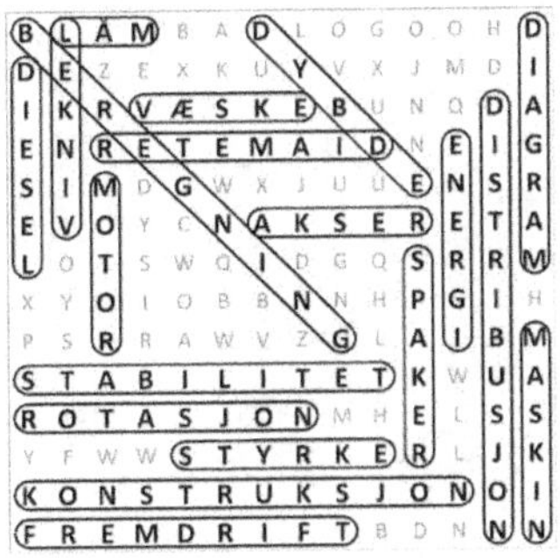

5 - Archeologia

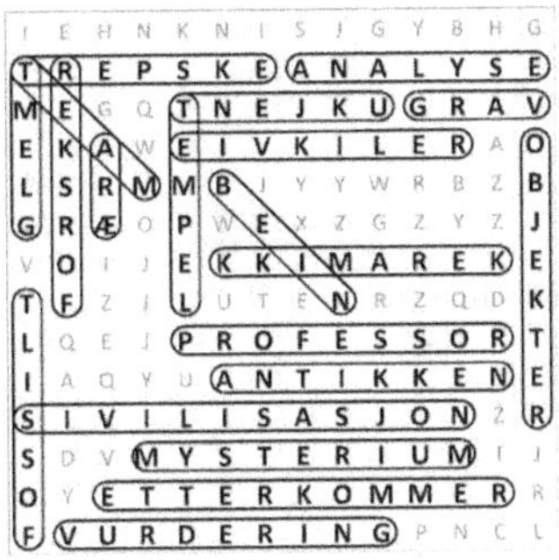

6 - Salute e Benessere #1

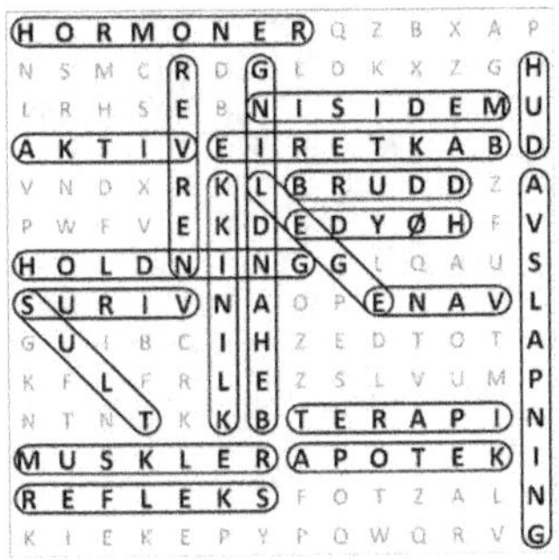

7 - Aggettivi #1

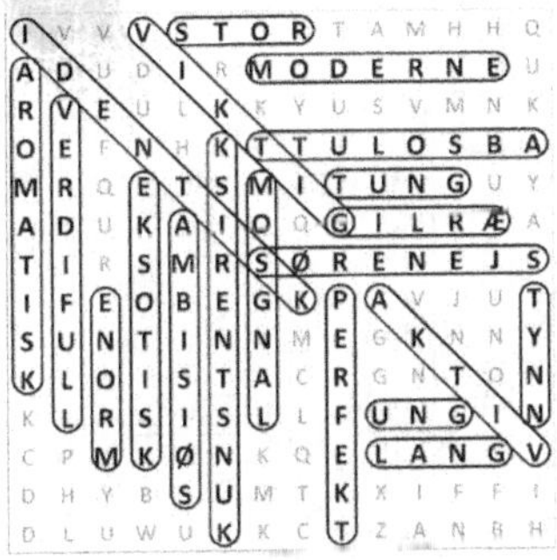

8 - Geologia

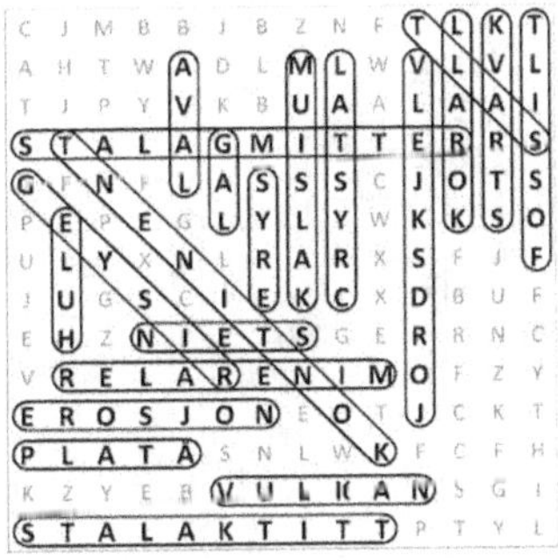

9 - Campeggio

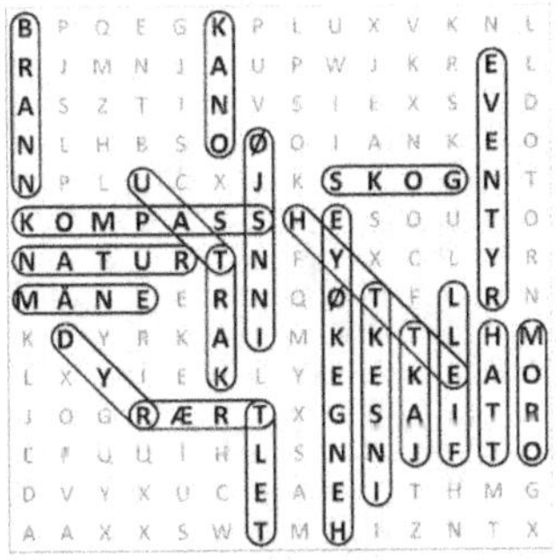

10 - Arti Visive

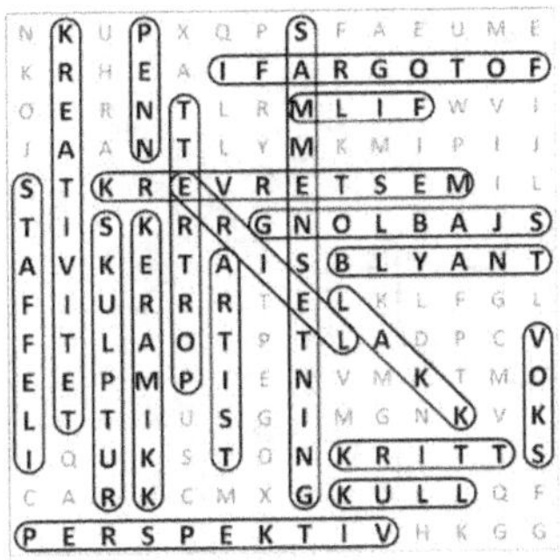

11 - Tempo

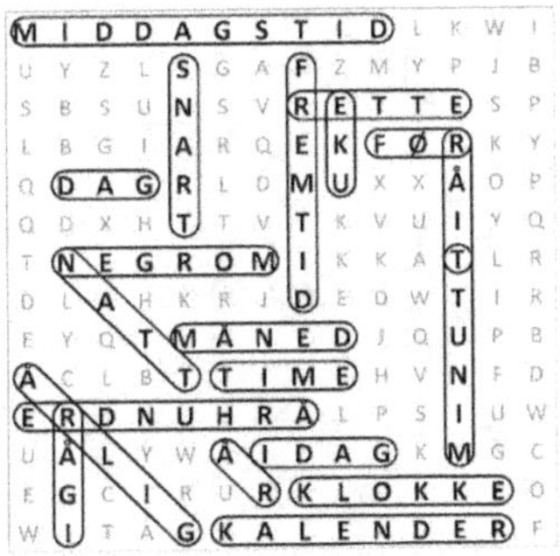

12 - Astronomia

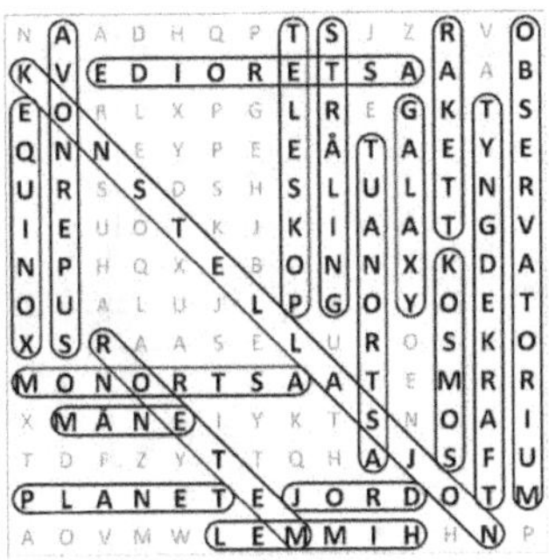

13 - Circo

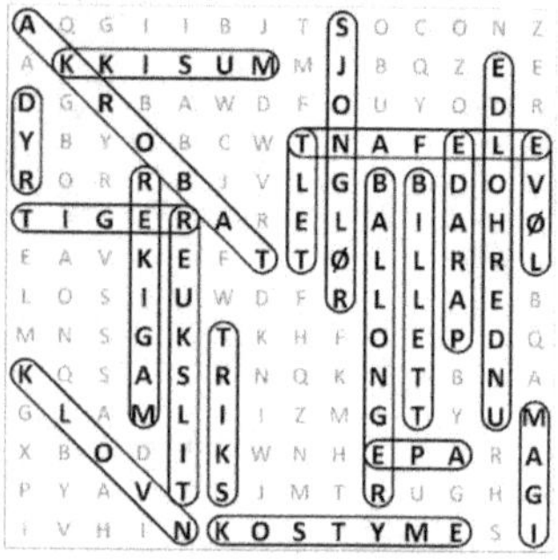

14 - Algebra

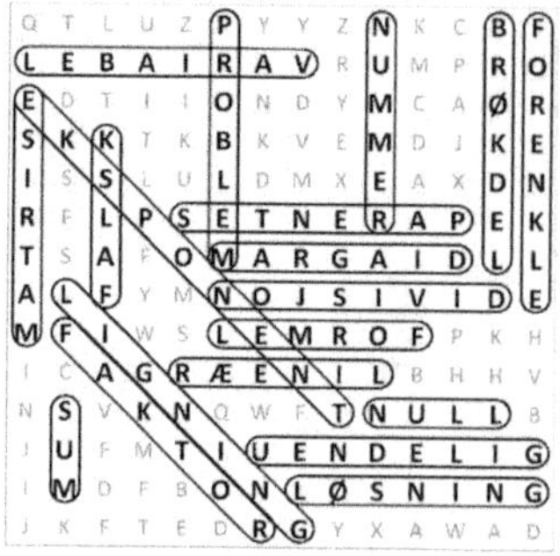

15 - Mitologia

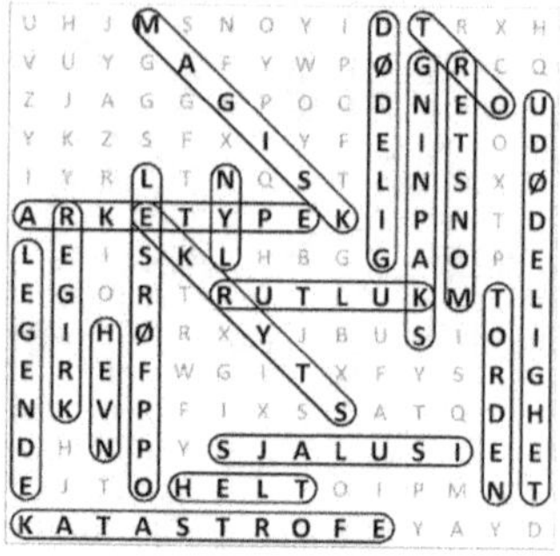

16 - Piante

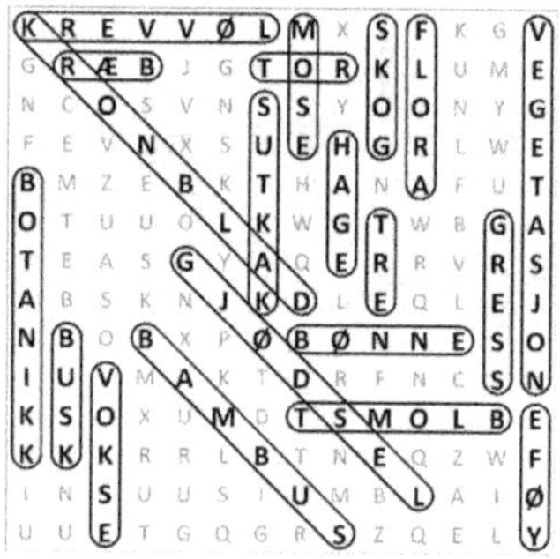

17 - Spezie

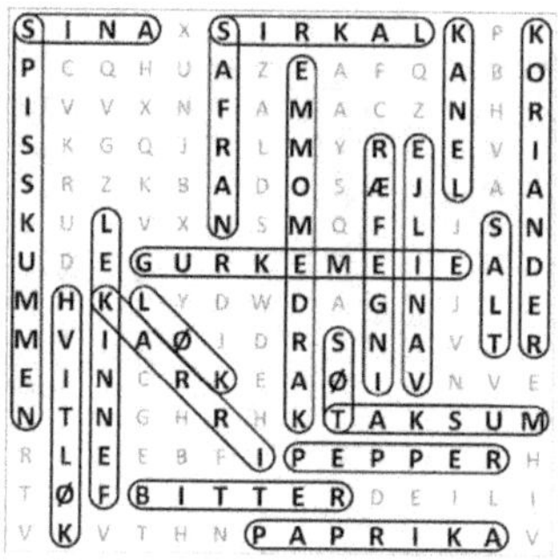

18 - Numeri

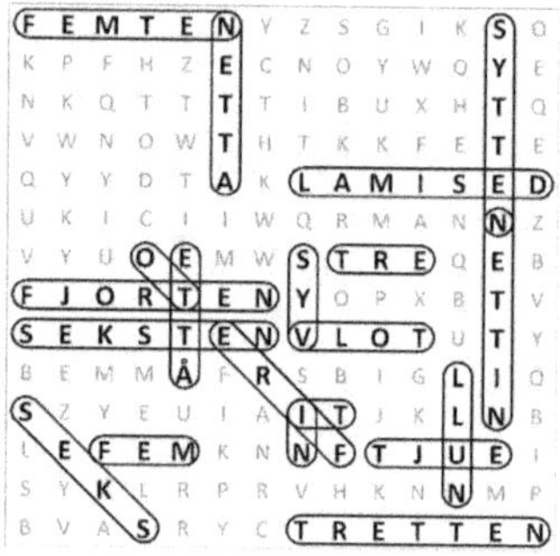

19 - Guida

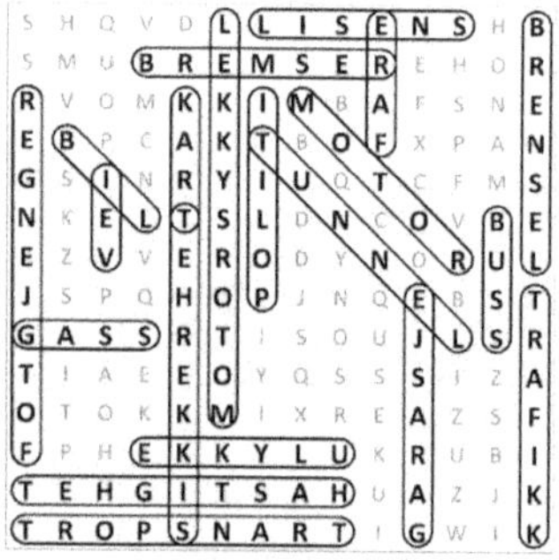

20 - I Media

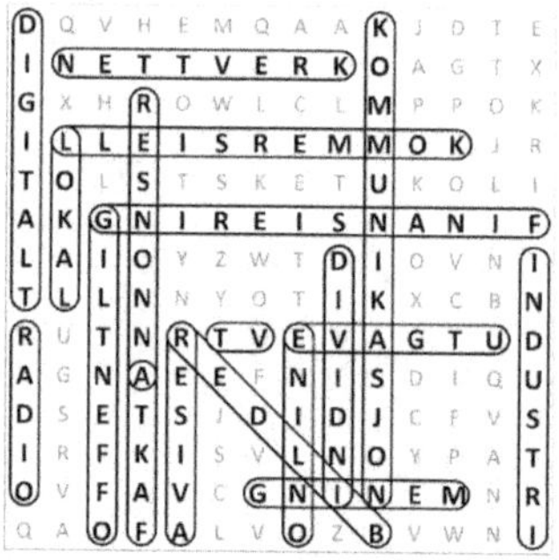

21 - Forza e Gravità

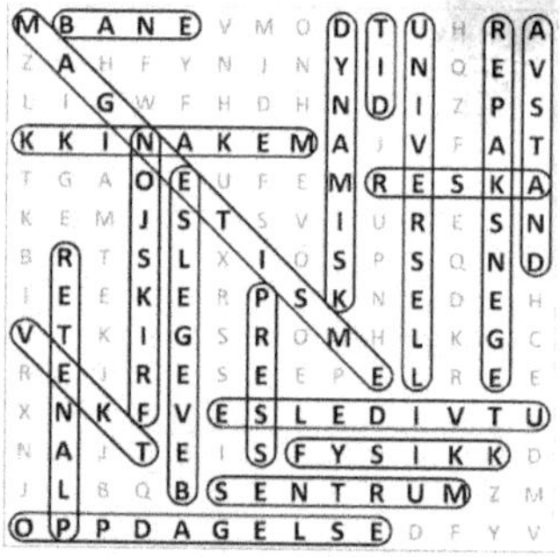

22 - Uccelli

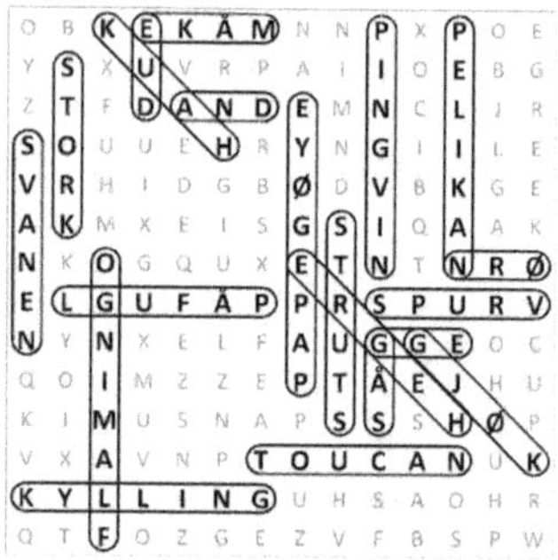

23 - Giorni e Mesi

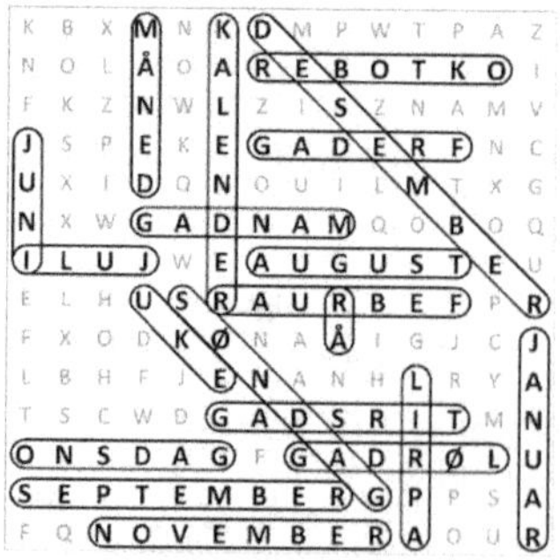

24 - Casa

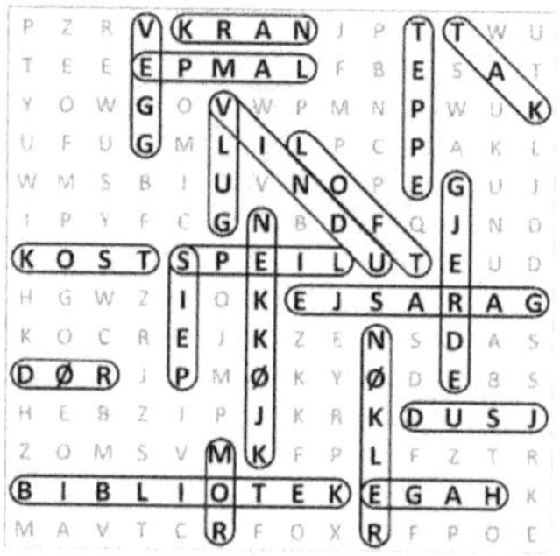

25 - Ristorante #1

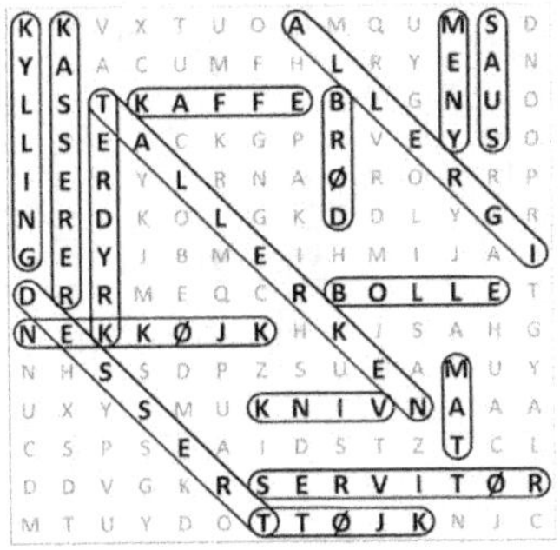

26 - Fantascienza

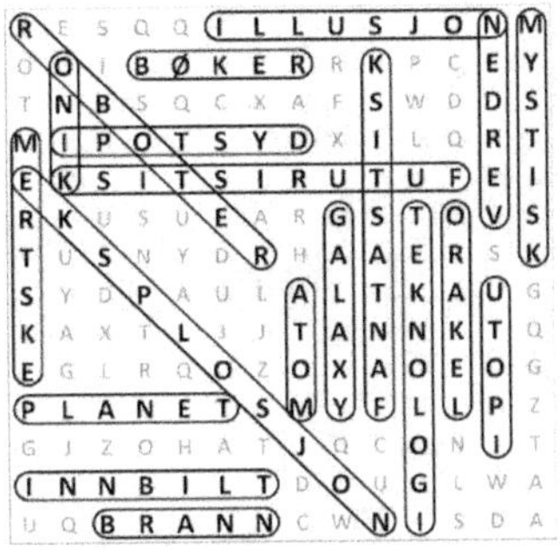

27 - Città

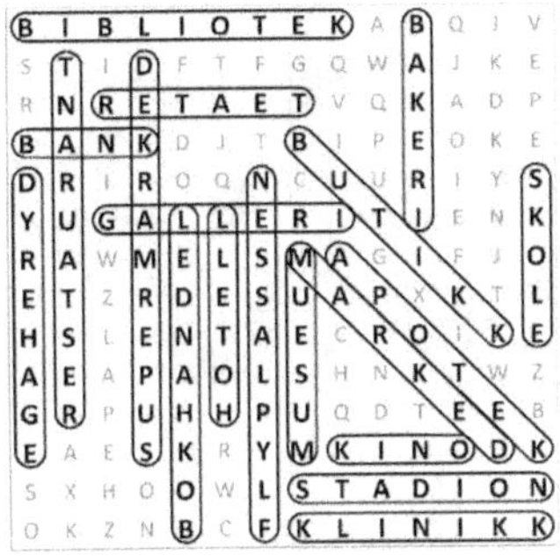

28 - Fattoria #1

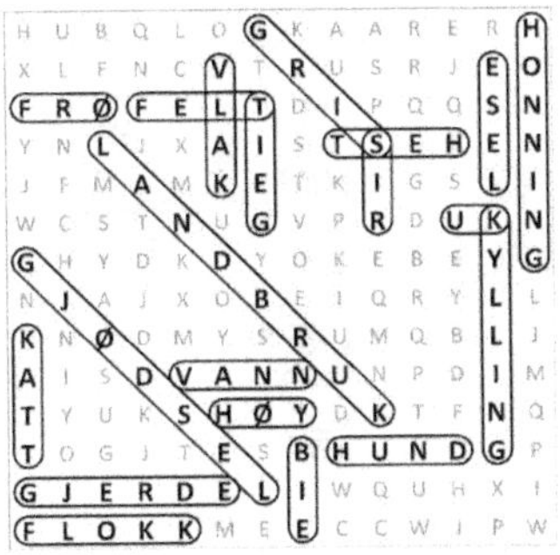

29 - Psicologia

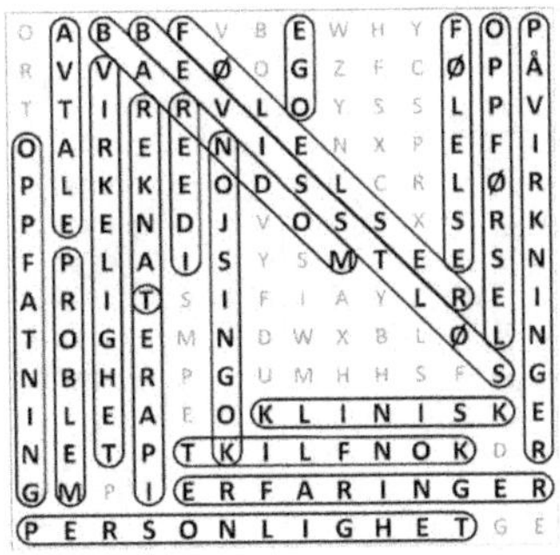

30 - Paesaggi

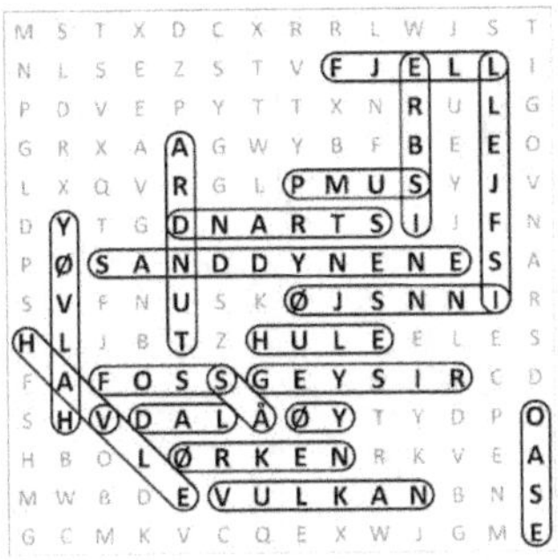

31 - Energia

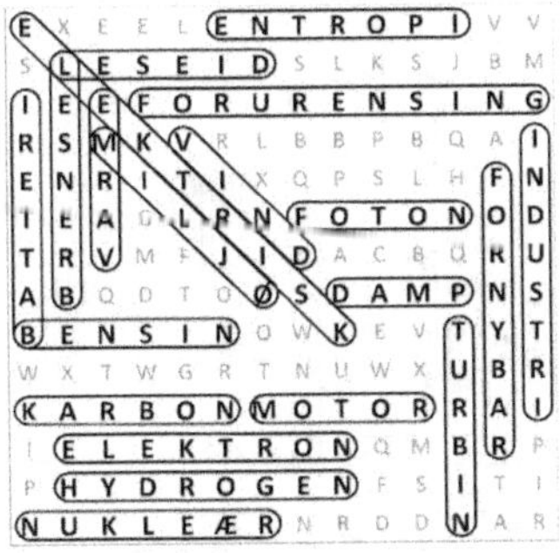

32 - Ristorante #2

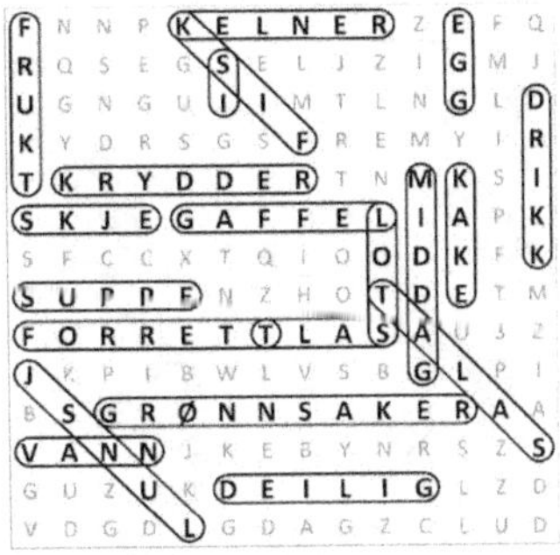

33 - Moda

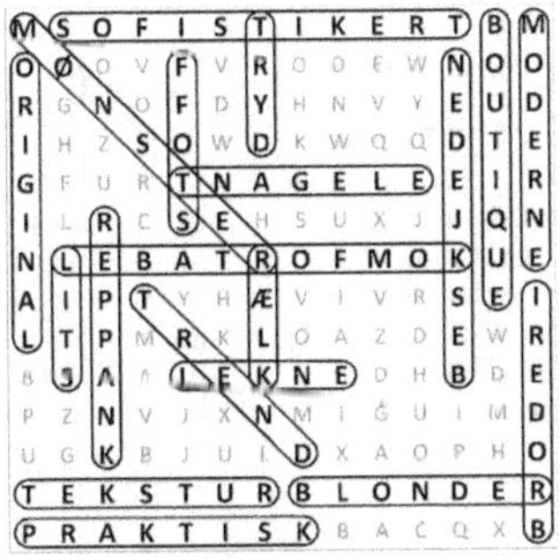

34 - L'Azienda

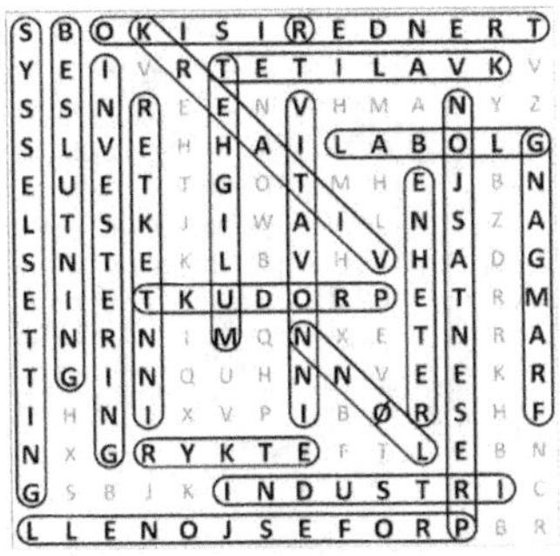

35 - Giardino

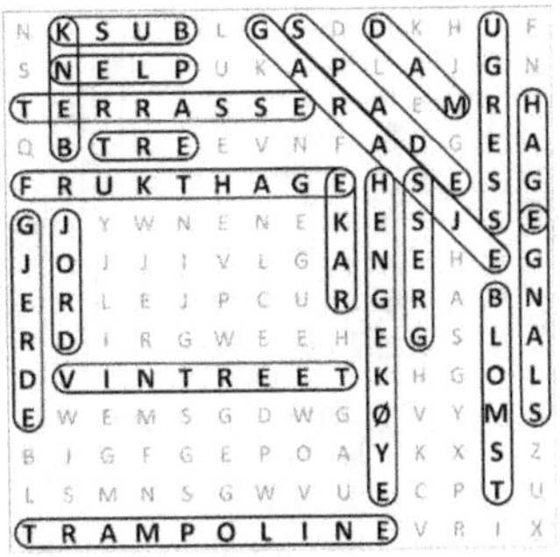

36 - Frutta

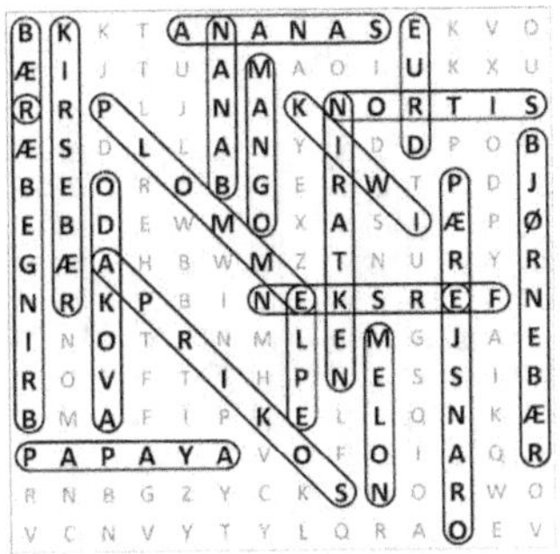

37 - Fattoria #2

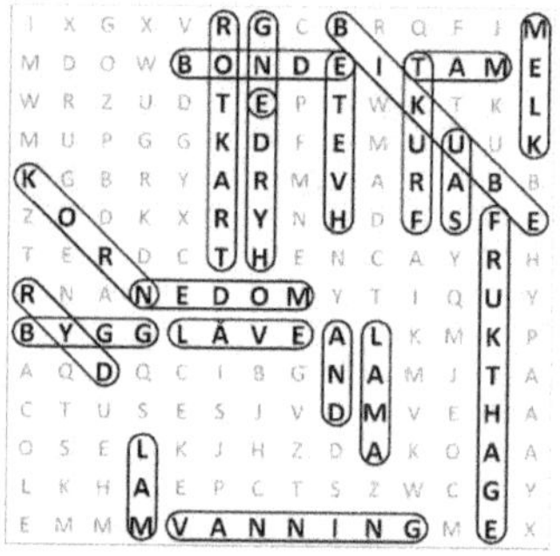

38 - Verdure

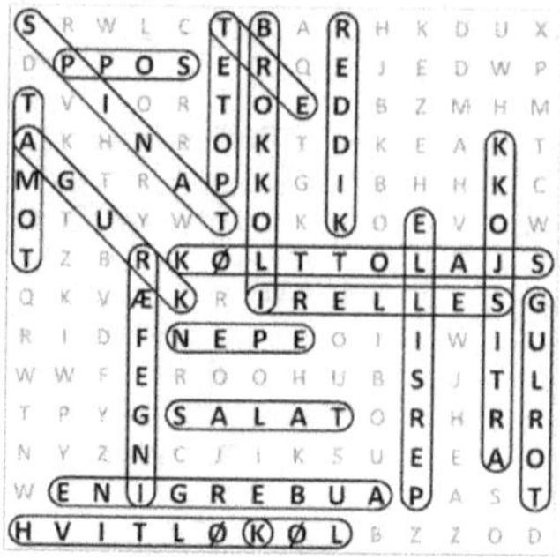

39 - Musica

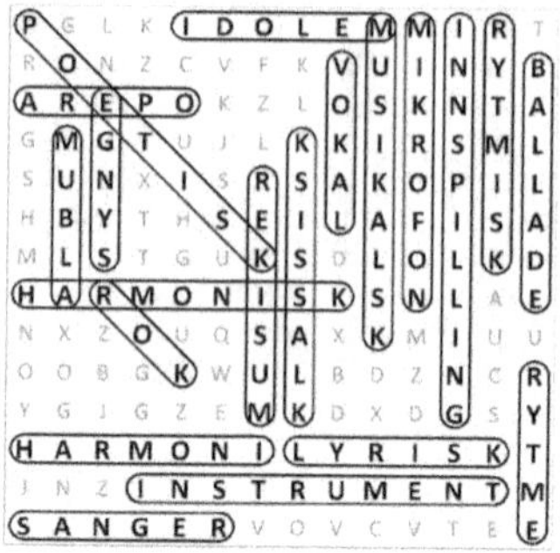

40 - Barbecue

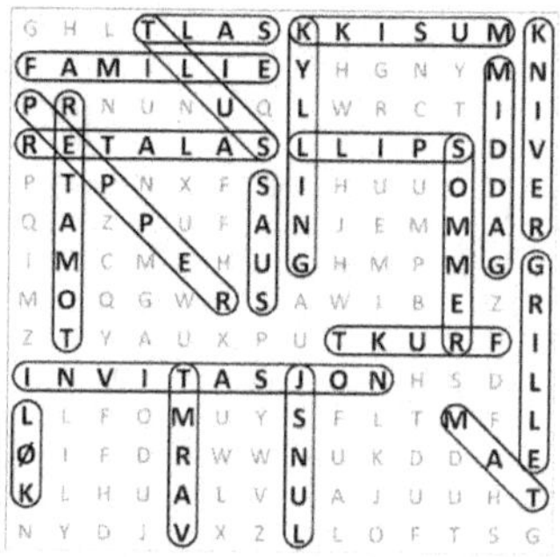

41 - Fisica

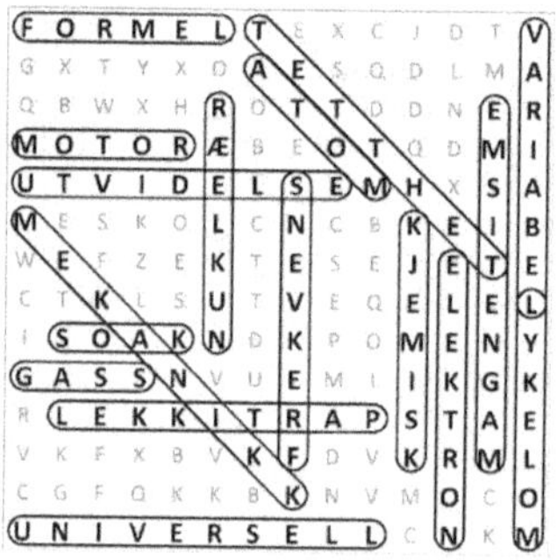

42 - Erboristeria

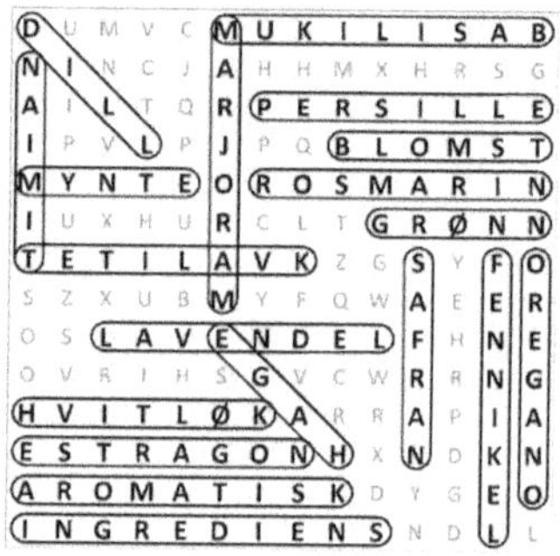

43 - Danza

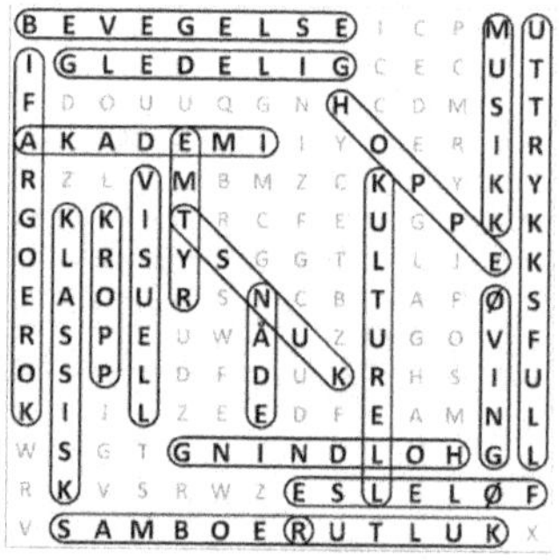

44 - Attività Commerciale

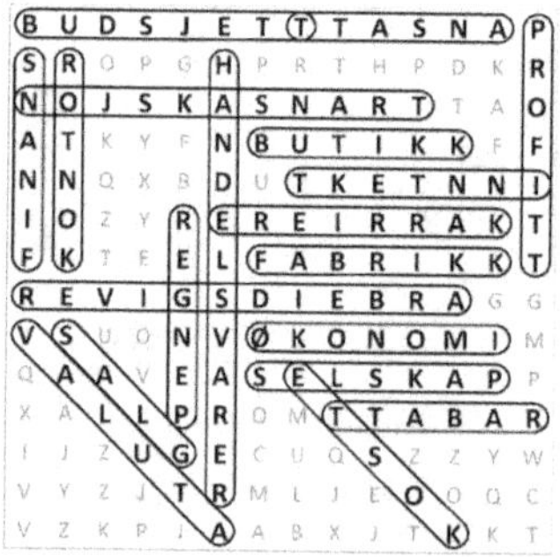

45 - Fiori

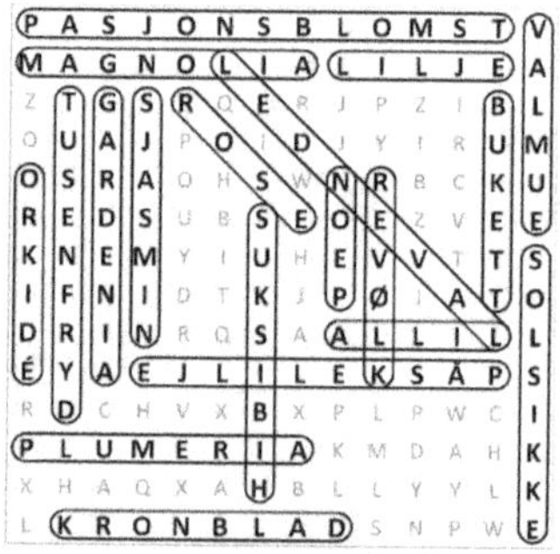

46 - Filantropia

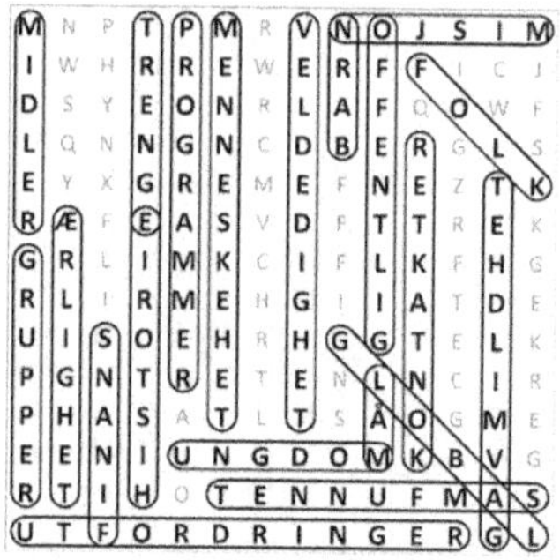

47 - Ecologia

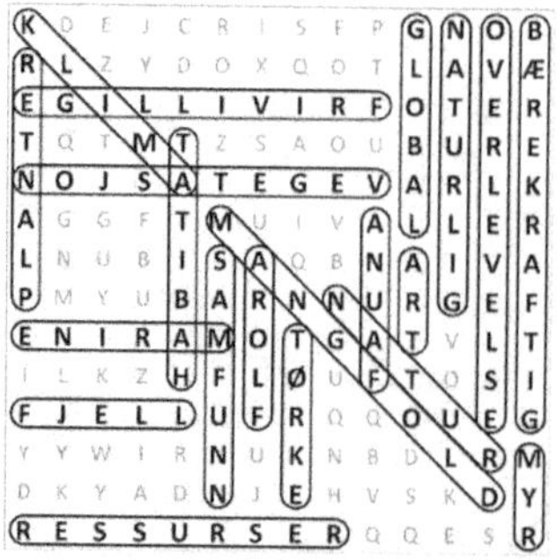

48 - Discipline Scientifiche

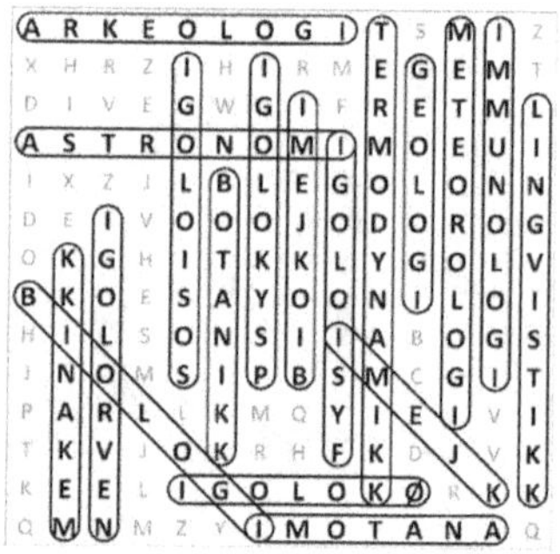

49 - Scienza

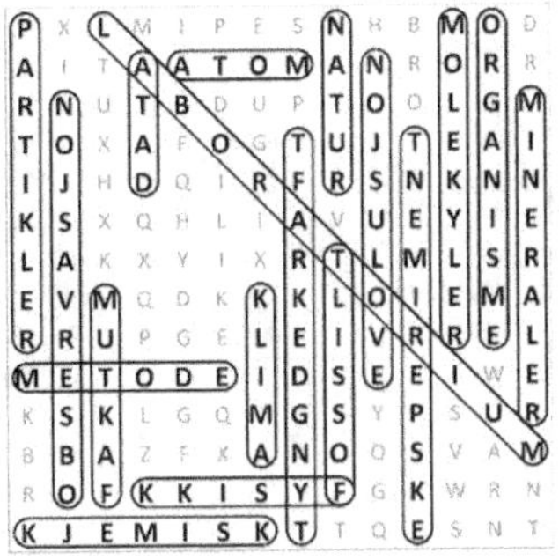

50 - Imbarcazioni

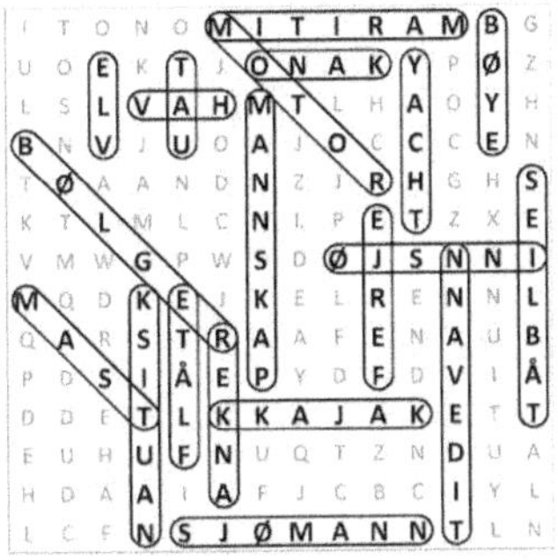

51 - Chimica

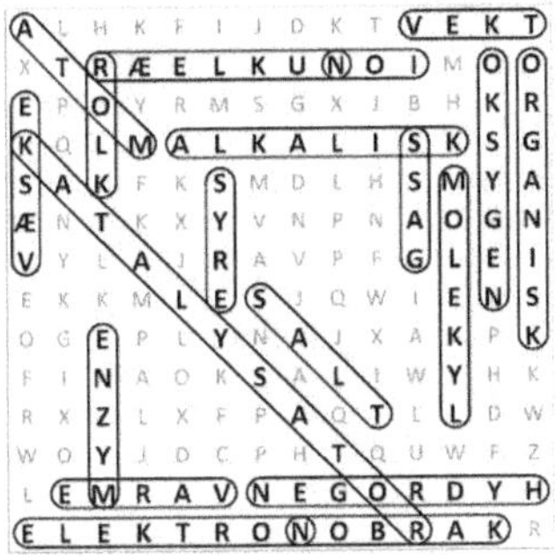

52 - Api

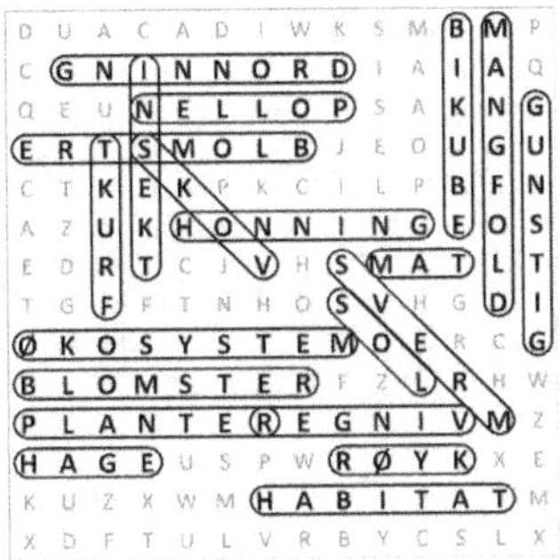

53 - Strumenti Musicali

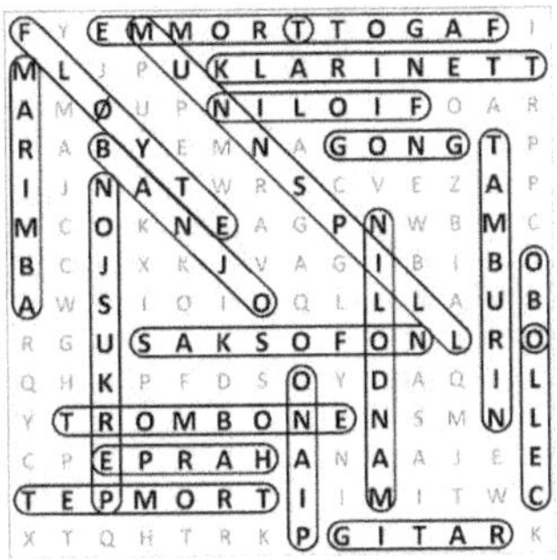

54 - Professioni #2

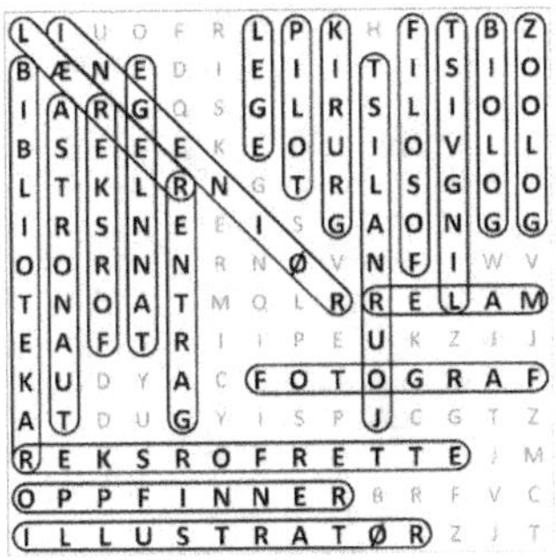

55 - Letteratura

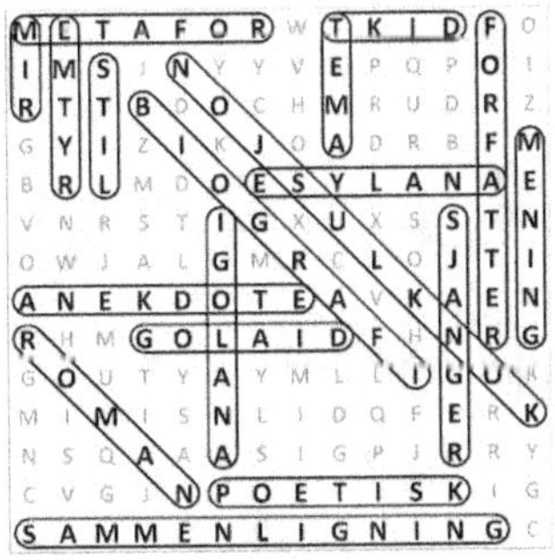

56 - Cibo #2

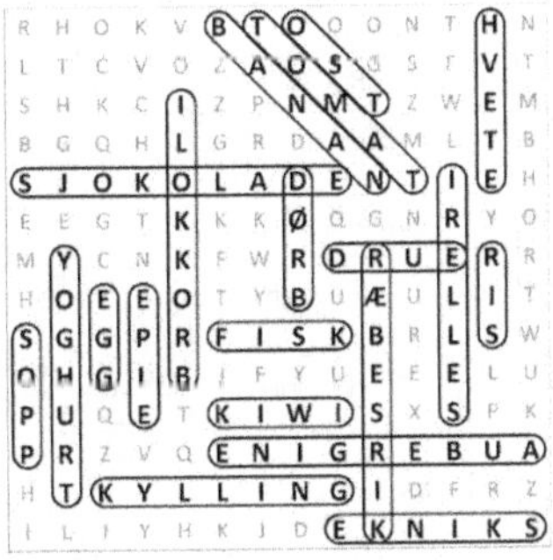

57 - Nutrizione

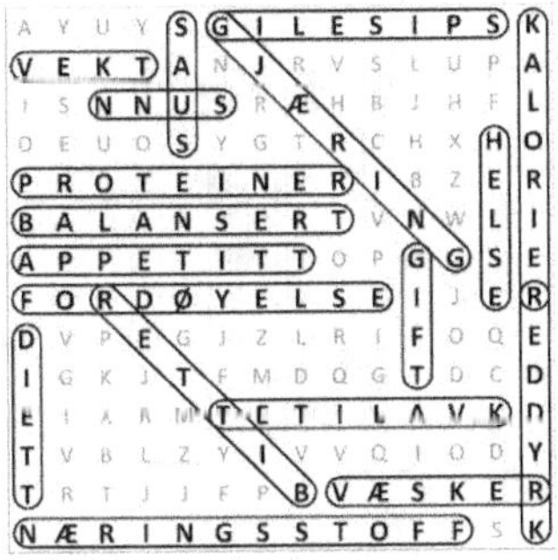

58 - Matematica

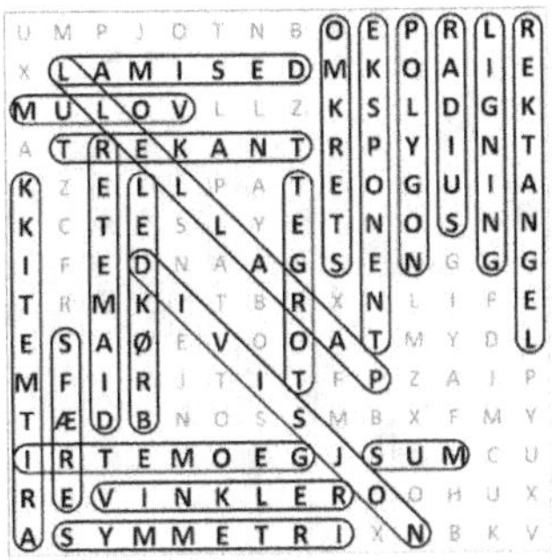

59 - Meditazione

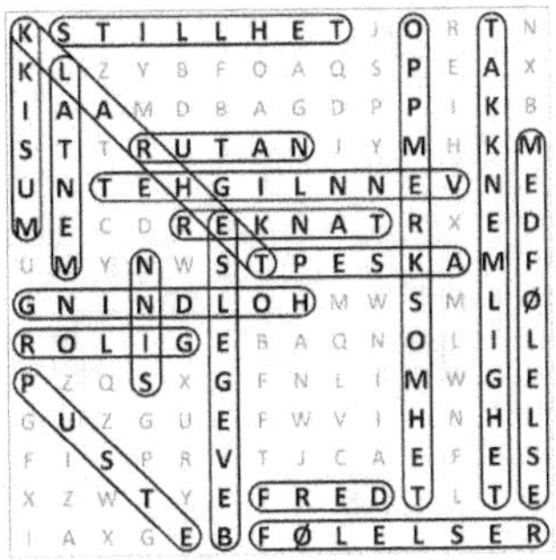

60 - Elettricità

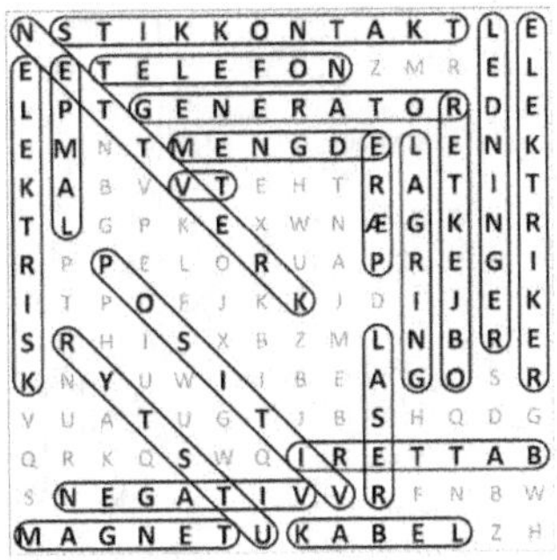

61 - Antiquariato

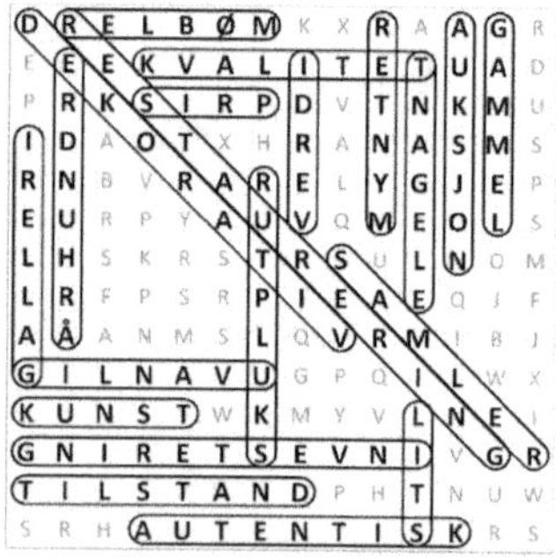

62 - Escursionismo

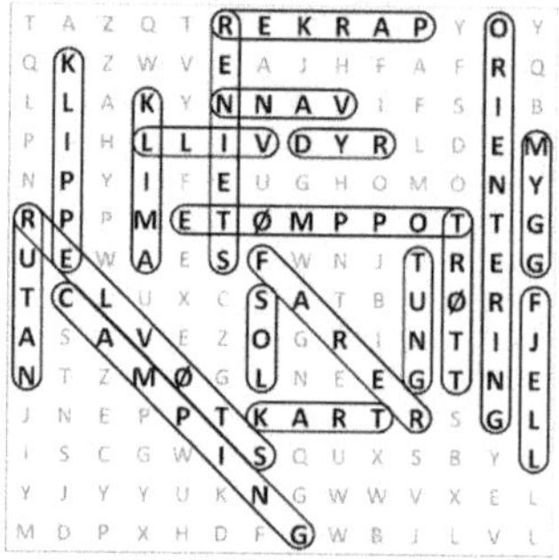

63 - Professioni #1

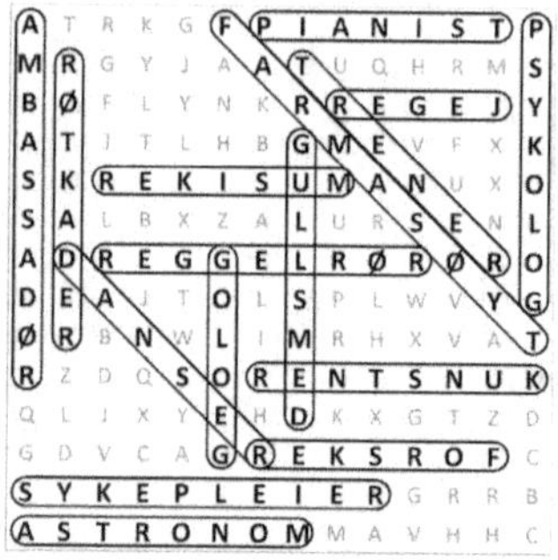

64 - Antartide

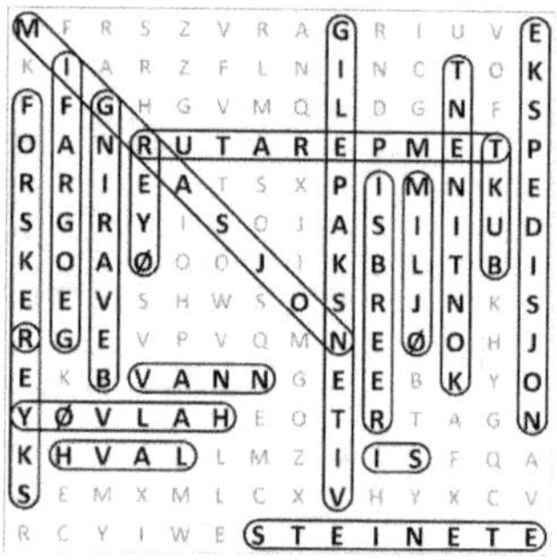

65 - Libri

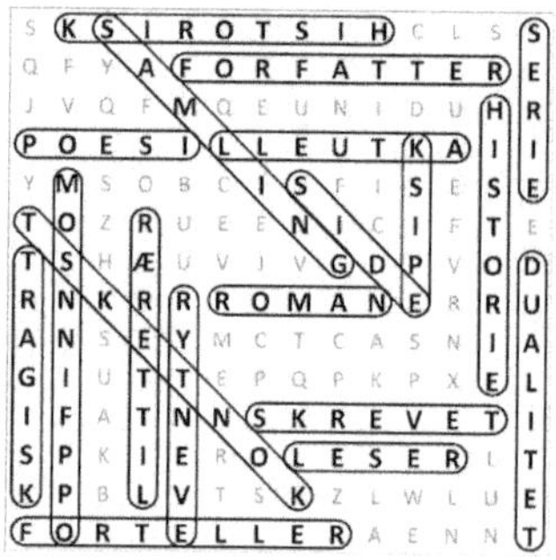

66 - Geografia

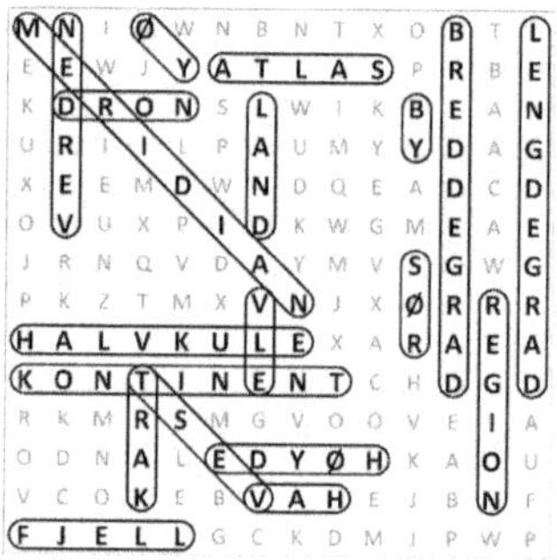

67 - Cibo #1

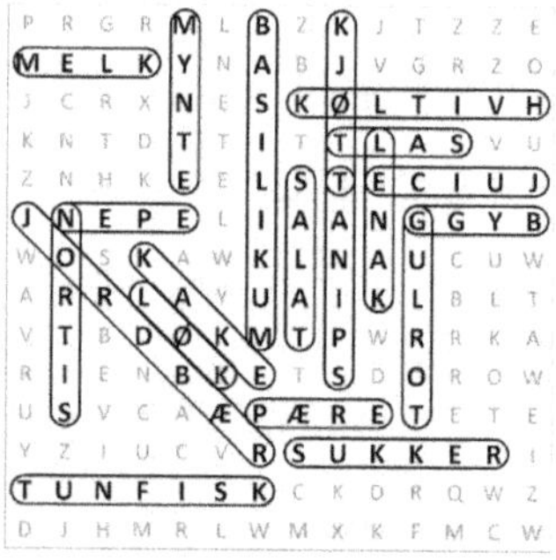

68 - Aeroplani

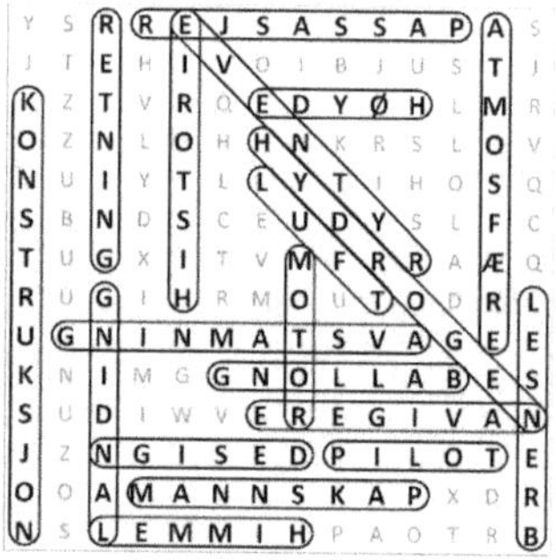

69 - Governo

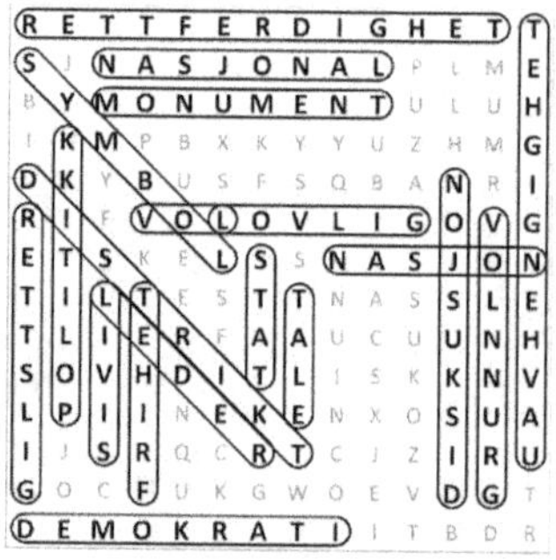

70 - Bellezza

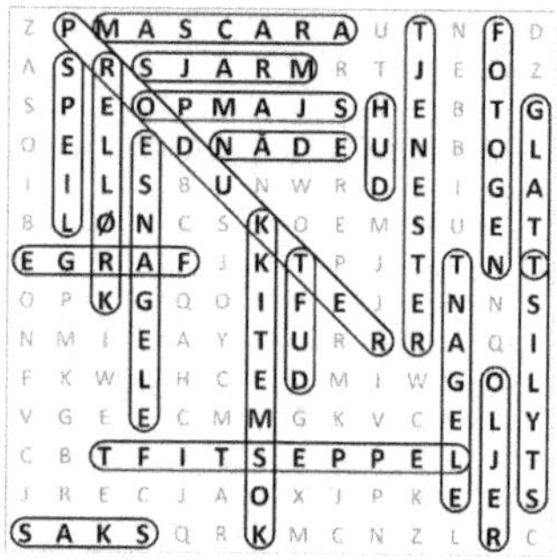

71 - Avventura

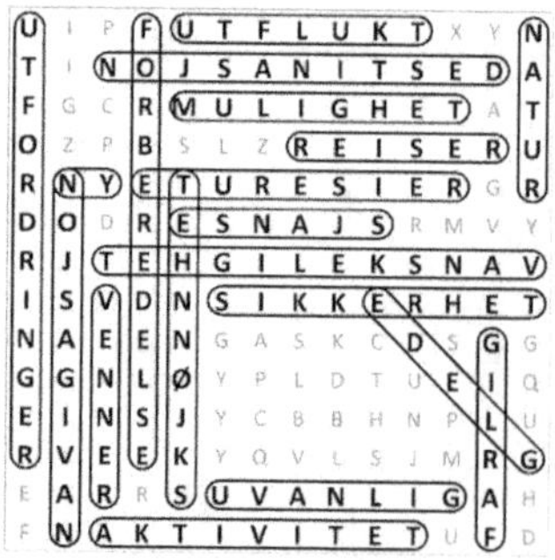

72 - Forme

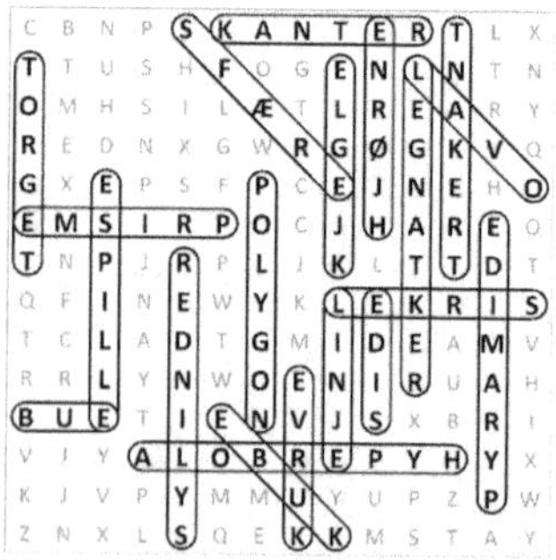

73 - Oceano

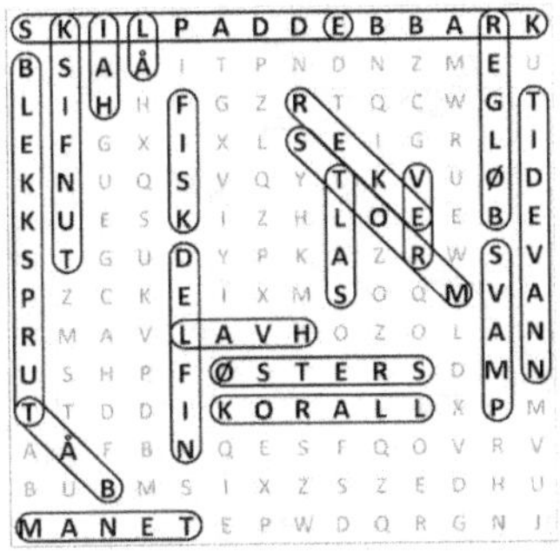

74 - Creatività

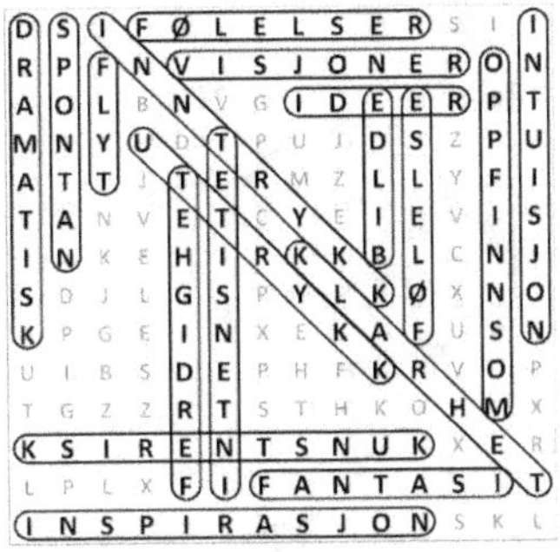

75 - Veicoli

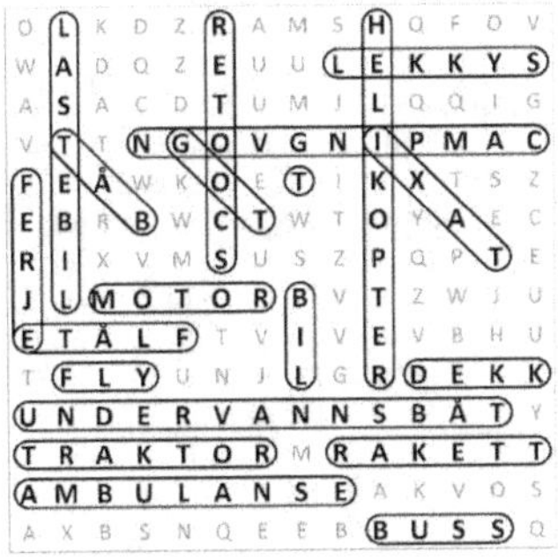

76 - Emozioni

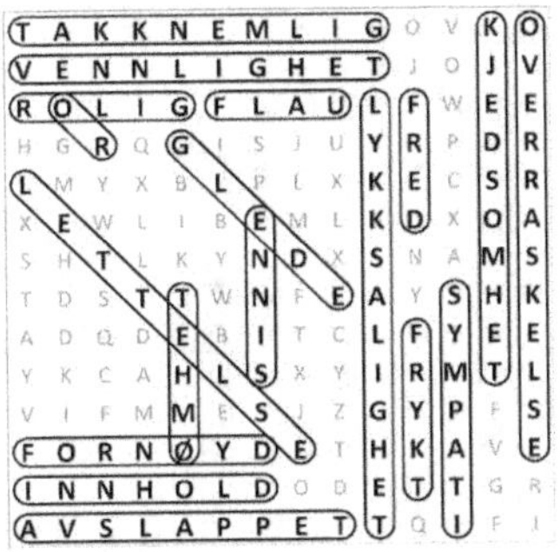

77 - Natura

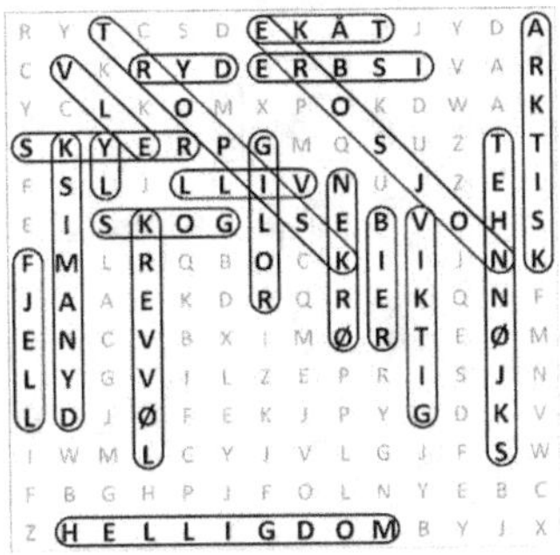

78 - Balletto

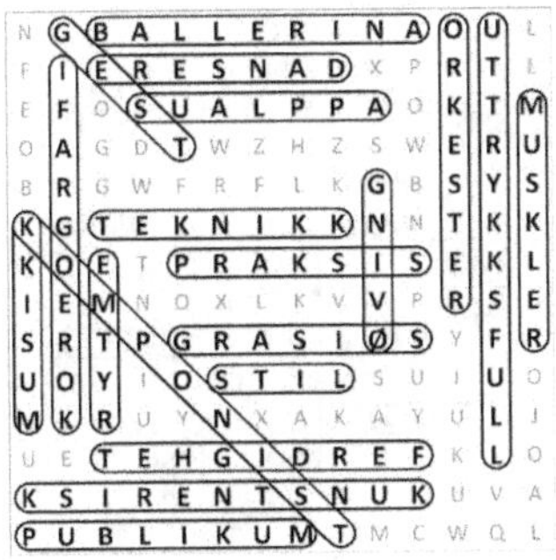

79 - Paesi #1

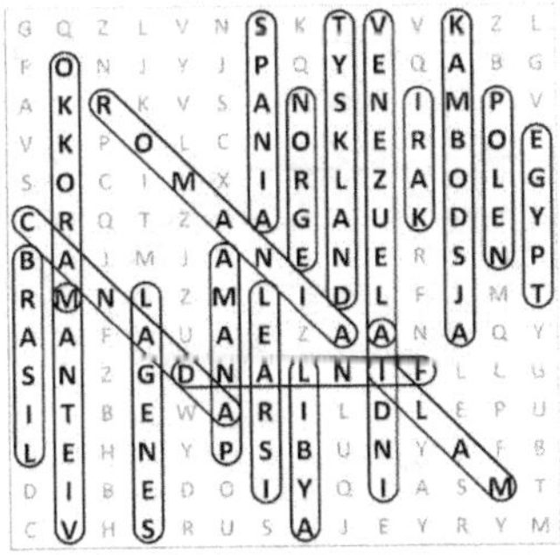

80 - Geometria

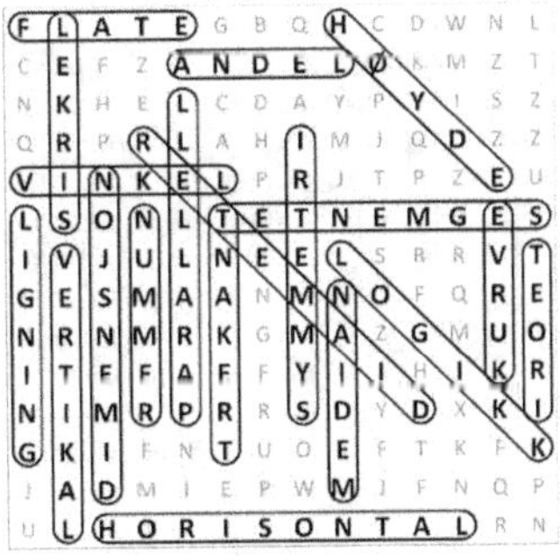

81 - Foresta Pluviale

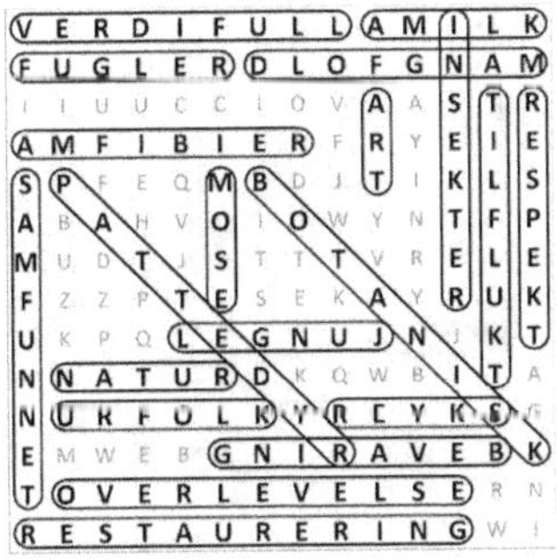

82 - Edifici

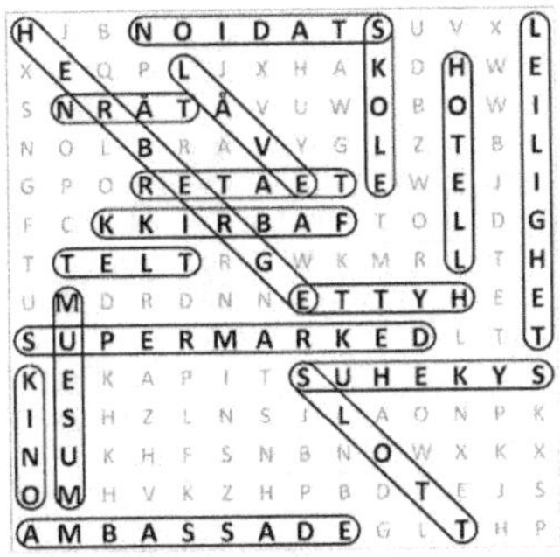

83 - Paesi #2

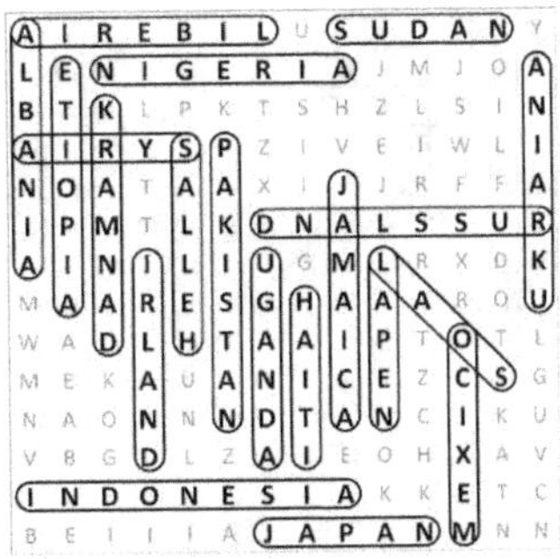

84 - Tipi di Capelli

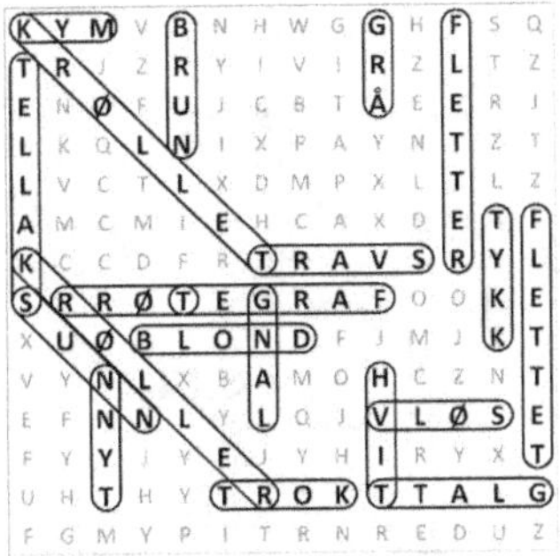

85 - Vestiti

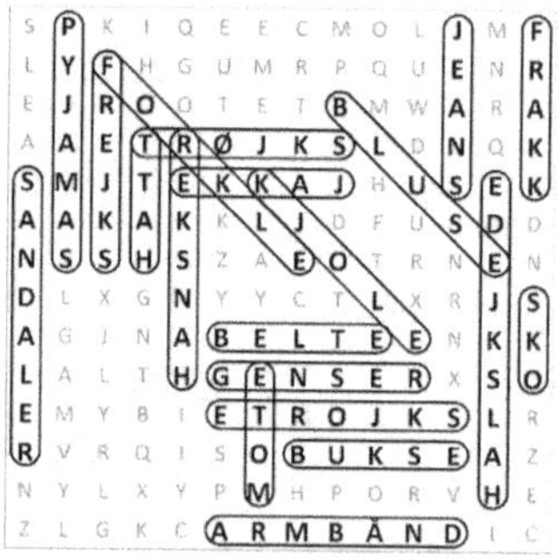

86 - Attività e Tempo Libero

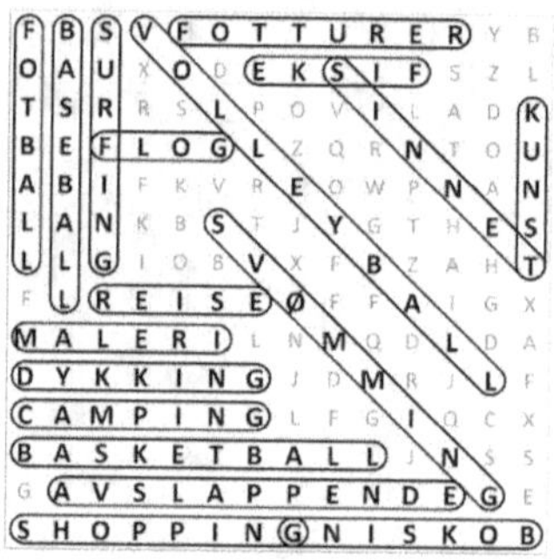

87 - Arte

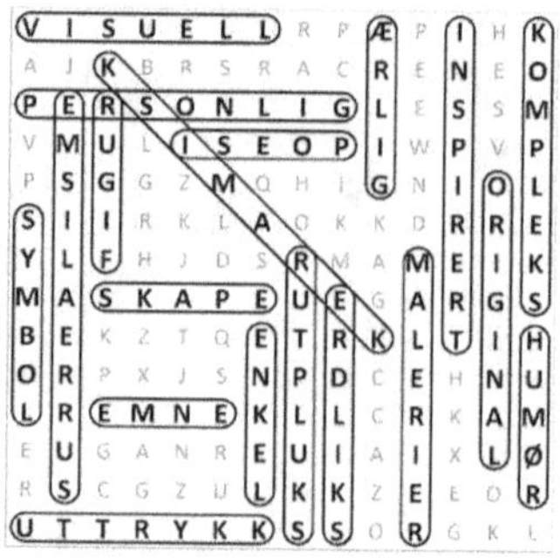

88 - Meteo

89 - Corpo Umano

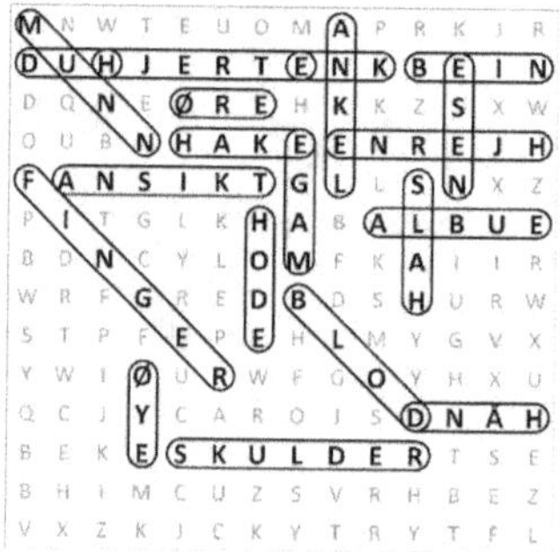

90 - Mammiferi

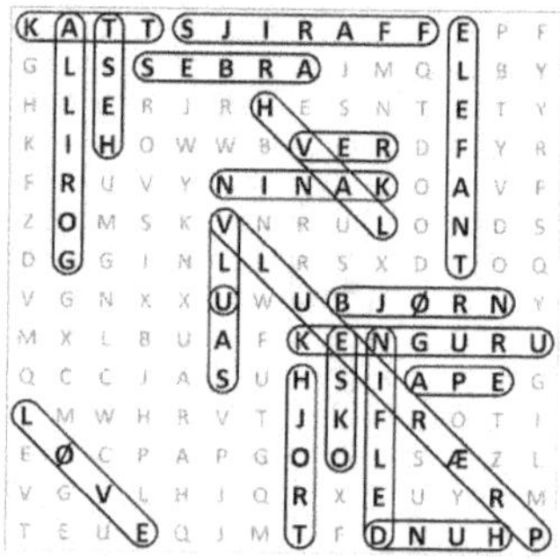

91 - Animali Domestici

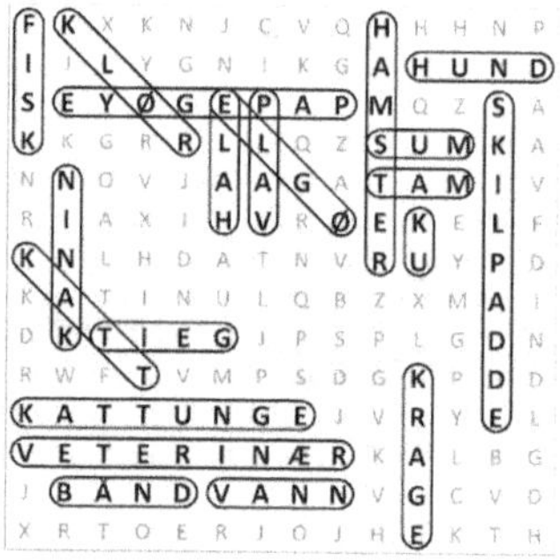

92 - Cucina

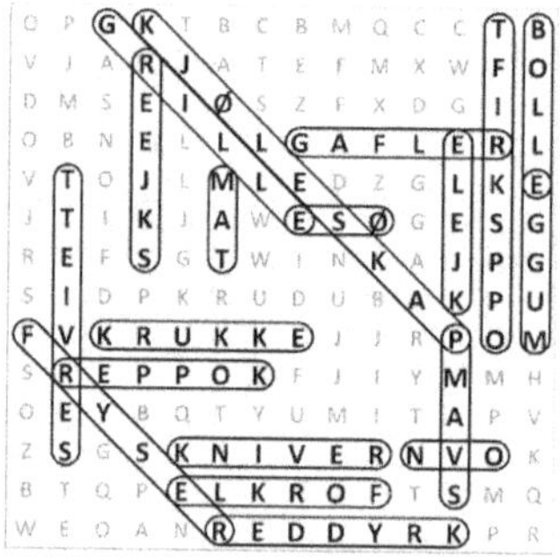

93 - Giardinaggio

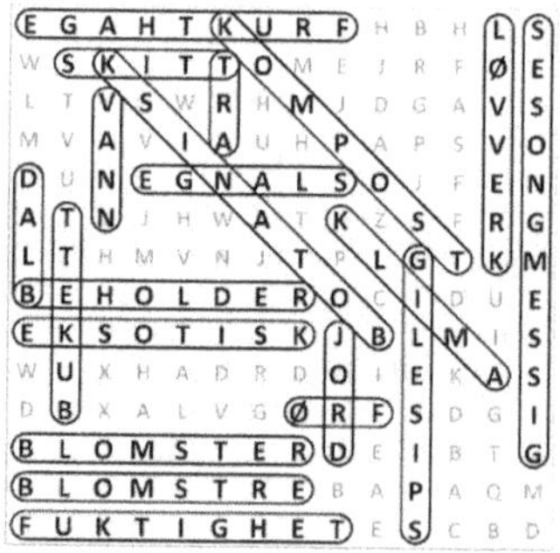

94 - Universo

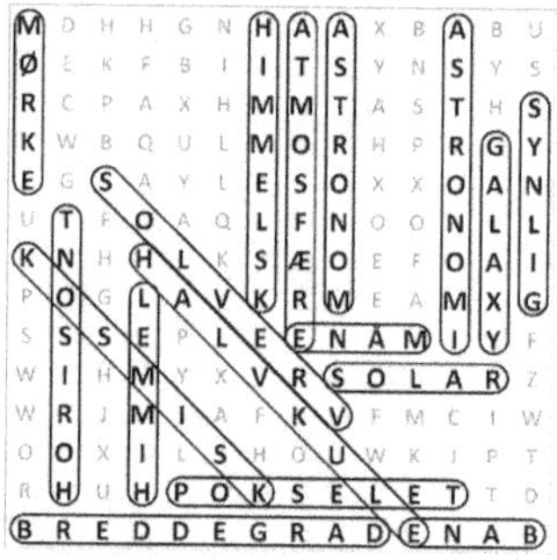

95 - Jazz

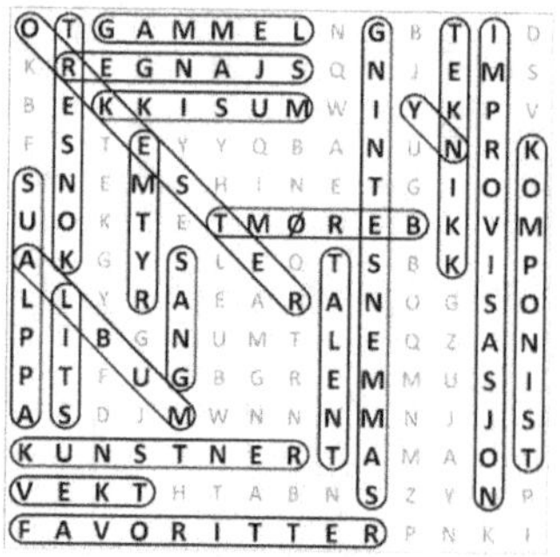

96 - Vacanze #2

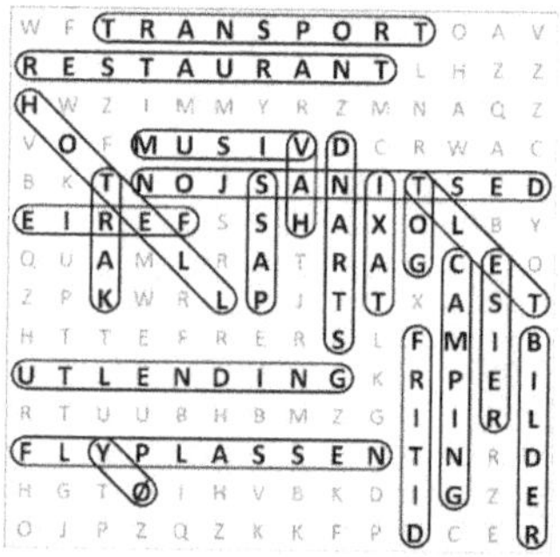

97 - Attività

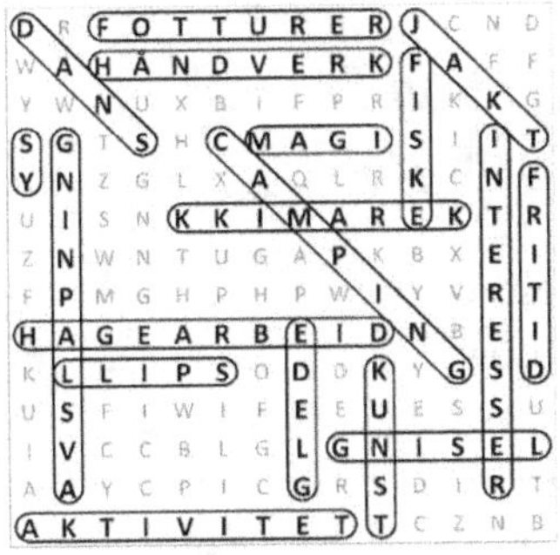

98 - Diplomazia

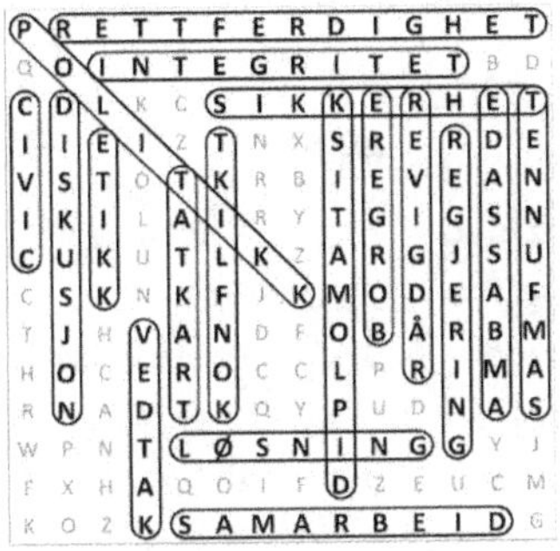

99 - Forniture Artistiche

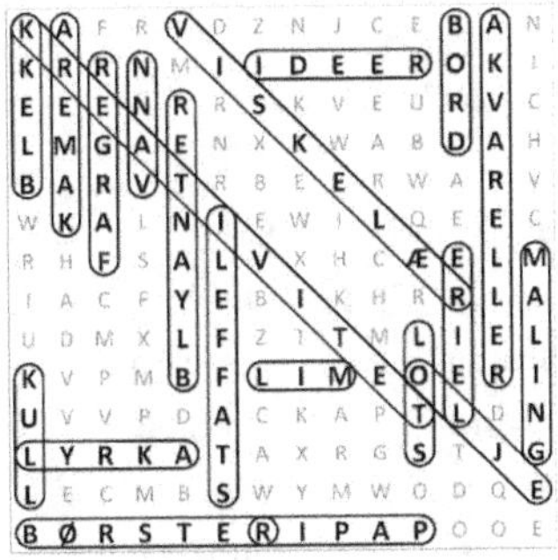

100 - Misurazioni

Dizionario

Aeroplani
Fly

Altezza	Høyde
Aria	Luft
Atmosfera	Atmosfære
Atterraggio	Landing
Avventura	Eventyr
Carburante	Brensel
Cielo	Himmel
Costruzione	Konstruksjon
Design	Design
Direzione	Retning
Discesa	Avstamning
Equipaggio	Mannskap
Idrogeno	Hydrogen
Motore	Motor
Navigare	Navigere
Palloncino	Ballong
Passeggero	Passasjer
Pilota	Pilot
Storia	Historie
Turbolenza	Turbulens

Aggettivi #1
Adjektiver #1

Ambizioso	Ambisiøs
Aromatico	Aromatisk
Artistico	Kunstnerisk
Assoluto	Absolutt
Attivo	Aktiv
Enorme	Enorm
Esotico	Eksotisk
Generoso	Sjenerøs
Giovane	Ung
Grande	Stor
Identico	Identisk
Importante	Viktig
Lento	Langsom
Lungo	Lang
Moderno	Moderne
Onesto	Ærlig
Perfetto	Perfekt
Pesante	Tung
Prezioso	Verdifull
Sottile	Tynn

Aggettivi #2
Adjektiver #2

Affamato	Sulten
Asciutto	Tørr
Autentico	Autentisk
Creativo	Kreativ
Descrittivo	Beskrivende
Dolce	Søt
Drammatico	Dramatisk
Elegante	Elegant
Famoso	Berømt
Forte	Sterk
Interessante	Interessant
Naturale	Naturlig
Normale	Normal
Nuovo	Ny
Orgoglioso	Stolt
Produttivo	Produktiv
Puro	Ren
Responsabile	Ansvarlig
Salato	Salt
Sano	Sunn

Algebra
Algebra

Diagramma	Diagram
Divisione	Divisjon
Equazione	Ligning
Esponente	Eksponent
Falso	Falsk
Fattore	Faktor
Formula	Formel
Frazione	Brøkdel
Infinito	Uendelig
Lineare	Lineær
Matrice	Matrise
Numero	Nummer
Parentesi	Parentes
Problema	Problem
Semplificare	Forenkle
Soluzione	Løsning
Somma	Sum
Sottrazione	Subtraksjon
Variabile	Variabel
Zero	Null

Animali Domestici
Kjæledyr

Acqua	Vann
Artigli	Klør
Cane	Hund
Capra	Geit
Cibo	Mat
Coda	Hale
Collare	Krage
Coniglio	Kanin
Criceto	Hamster
Cucciolo	Valp
Gattino	Kattunge
Gatto	Katt
Guinzaglio	Bånd
Lucertola	Øgle
Mucca	Ku
Pappagallo	Papegøye
Pesce	Fisk
Tartaruga	Skilpadde
Topo	Mus
Veterinario	Veterinær

Antartide
Antarktis

Acqua	Vann
Ambiente	Miljø
Baia	Bukt
Balene	Hval
Conservazione	Bevaring
Continente	Kontinent
Geografia	Geografi
Ghiacciai	Isbreer
Ghiaccio	Is
Isole	Øyer
Migrazione	Migrasjon
Minerali	Mineraler
Nuvole	Skyer
Penisola	Halvøy
Ricercatore	Forsker
Roccioso	Steinete
Scientifico	Vitenskapelig
Spedizione	Ekspedisjon
Temperatura	Temperatur
Topografia	Topografi

Antiquariato
Antikviteter

Arte	Kunst
Asta	Auksjon
Autentico	Autentisk
Collezionista	Samler
Condizione	Tilstand
Decorativo	Dekorativ
Elegante	Elegant
Galleria	Galleri
Insolito	Uvanlig
Investimento	Investering
Mobilio	Møbler
Monete	Mynter
Prezzo	Pris
Qualità	Kvalitet
Restauro	Restaurering
Scultura	Skulptur
Secolo	Århundre
Stile	Stil
Valore	Verdi
Vecchio	Gammel

Api
Bier

Ali	Vinger
Alveare	Bikube
Benefico	Gunstig
Cera	Voks
Cibo	Mat
Diversità	Mangfold
Ecosistema	Økosystem
Fiori	Blomster
Fiorire	Blomstre
Frutta	Frukt
Fumo	Røyk
Giardino	Hage
Habitat	Habitat
Insetto	Insekt
Miele	Honning
Piante	Planter
Polline	Pollen
Regina	Dronning
Sciame	Sverm
Sole	Sol

Archeologia
Arkeologi

Analisi	Analyse
Antichità	Antikken
Ceramica	Keramikk
Civiltà	Sivilisasjon
Dimenticato	Glemt
Discendente	Etterkommer
Era	Æra
Esperto	Ekspert
Fossile	Fossilt
Mistero	Mysterium
Oggetti	Objekter
Ossa	Bein
Professore	Professor
Reliquia	Relikvie
Ricercatore	Forsker
Sconosciuto	Ukjent
Squadra	Team
Tempio	Tempel
Tomba	Grav
Valutazione	Vurdering

Arte
Kunst

Ceramica	Keramisk
Complesso	Kompleks
Composizione	Sammensetning
Creare	Skape
Dipinti	Malerier
Espressione	Uttrykk
Figura	Figur
Ispirato	Inspirert
Onesto	Ærlig
Originale	Original
Personale	Personlig
Poesia	Poesi
Ritrarre	Skildre
Scultura	Skulptur
Semplice	Enkel
Simbolo	Symbol
Soggetto	Emne
Surrealismo	Surrealisme
Umore	Humør
Visivo	Visuell

Arti Visive
Bildende Kunst

Architettura	Arkitektur
Argilla	Leire
Artista	Artist
Capolavoro	Mesterverk
Carbone	Kull
Cavalletto	Staffeli
Cera	Voks
Ceramica	Keramikk
Composizione	Sammensetning
Creatività	Kreativitet
Film	Film
Fotografia	Fotografi
Gesso	Kritt
Matita	Blyant
Penna	Penn
Prospettiva	Perspektiv
Ritratto	Portrett
Scultura	Skulptur
Stampino	Sjablong
Vernice	Lakk

Astronomia
Astronomi

Asteroide	Asteroide
Astronauta	Astronaut
Astronomo	Astronom
Cielo	Himmel
Cosmo	Kosmos
Costellazione	Konstellasjon
Equinozio	Equinox
Galassia	Galaxy
Gravità	Tyngdekraft
Luna	Måne
Meteora	Meteor
Nebulosa	Stjernetåke
Osservatorio	Observatorium
Pianeta	Planet
Radiazione	Stråling
Razzo	Rakett
Supernova	Supernova
Telescopio	Teleskop
Terra	Jord
Universo	Univers

Attività
Aktiviteter

Abilità	Ferdighet
Arte	Kunst
Artigianato	Håndverk
Attività	Aktivitet
Caccia	Jakt
Campeggio	Camping
Ceramica	Keramikk
Cucire	Sy
Danza	Dans
Escursioni	Fotturer
Fotografia	Fotografering
Giardinaggio	Hagearbeid
Giochi	Spill
Interessi	Interesser
Lettura	Lesing
Magia	Magi
Pesca	Fiske
Piacere	Glede
Rilassamento	Avslapning
Tempo Libero	Fritid

Attività Commerciale
Forretninger

Bilancio	Budsjett
Carriera	Karriere
Costo	Koste
Datore di Lavoro	Arbeidsgiver
Dipendente	Ansatt
Economia	Økonomi
Fabbrica	Fabrikk
Finanza	Finans
Investimento	Investering
Merce	Handelsvarer
Negozio	Butikk
Profitto	Profitt
Reddito	Inntekt
Sconto	Rabatt
Società	Selskap
Soldi	Penger
Transazione	Transaksjon
Ufficio	Kontor
Valuta	Valuta
Vendita	Salg

Attività e Tempo Libero
Aktiviteter og Fritid

Arte	Kunst
Baseball	Baseball
Basket	Basketball
Boxe	Boksing
Calcio	Fotball
Campeggio	Camping
Escursioni	Fotturer
Giardinaggio	Hagearbeid
Golf	Golf
Immersione	Dykking
Nuoto	Svømming
Pallavolo	Volleyball
Pesca	Fiske
Pittura	Maleri
Rilassante	Avslappende
Shopping	Shopping
Surf	Surfing
Tennis	Tennis
Viaggio	Reise

Avventura
Eventyr

Amici	Venner
Attività	Aktivitet
Bellezza	Skjønnhet
Caso	Sjanse
Destinazione	Destinasjon
Difficoltà	Vanskelighet
Entusiasmo	Entusiasme
Escursione	Utflukt
Gioia	Glede
Insolito	Uvanlig
Itinerario	Reiserute
Natura	Natur
Navigazione	Navigasjon
Nuovo	Ny
Opportunità	Mulighet
Pericoloso	Farlig
Preparazione	Forberedelse
Sfide	Utfordringer
Sicurezza	Sikkerhet
Viaggi	Reiser

Balletto
Ballett

Abilità	Ferdighet
Applauso	Applaus
Artistico	Kunstnerisk
Ballerina	Ballerina
Ballerini	Dansere
Compositore	Komponist
Coreografia	Koreografi
Espressivo	Uttrykksfull
Gesto	Gest
Grazioso	Grasiøs
Intensità	Intensitet
Muscoli	Muskler
Musica	Musikk
Orchestra	Orkester
Pratica	Praksis
Prova	Øving
Pubblico	Publikum
Ritmo	Rytme
Stile	Stil
Tecnica	Teknikk

Barbecue
Grilling

Caldo	Varmt
Cena	Middag
Cibo	Mat
Cipolle	Løk
Coltelli	Kniver
Estate	Sommer
Fame	Sult
Famiglia	Familie
Frutta	Frukt
Giochi	Spill
Griglia	Grille
Insalate	Salater
Invito	Invitasjon
Musica	Musikk
Pepe	Pepper
Pollo	Kylling
Pomodori	Tomater
Pranzo	Lunsj
Sale	Salt
Salsa	Saus

Bellezza
Skjønnhet

Colore	Farge
Cosmetici	Kosmetikk
Elegante	Elegant
Eleganza	Eleganse
Fascino	Sjarm
Forbici	Saks
Fotogenico	Fotogen
Fragranza	Duft
Grazia	Nåde
Liscio	Glatt
Mascara	Mascara
Oli	Oljer
Pelle	Hud
Prodotti	Produkter
Riccioli	Krøller
Rossetto	Leppestift
Servizi	Tjenester
Shampoo	Sjampo
Specchio	Speil
Stilista	Stylist

Campeggio
Camping

Alberi	Trær
Amaca	Hengekøye
Animali	Dyr
Avventura	Eventyr
Bussola	Kompass
Cabina	Hytte
Caccia	Jakt
Canoa	Kano
Cappello	Hatt
Corda	Tau
Divertimento	Moro
Foresta	Skog
Fuoco	Brann
Insetto	Insekt
Lago	Innsjø
Luna	Måne
Mappa	Kart
Montagna	Fjell
Natura	Natur
Tenda	Telt

Casa
Hus

Attico	Loft
Biblioteca	Bibliotek
Camera	Rom
Camino	Peis
Chiavi	Nøkler
Cucina	Kjøkken
Doccia	Dusj
Finestra	Vindu
Garage	Garasje
Giardino	Hage
Lampada	Lampe
Parete	Vegg
Pavimento	Gulv
Porta	Dør
Recinto	Gjerde
Rubinetto	Kran
Scopa	Kost
Specchio	Speil
Tappeto	Teppe
Tetto	Tak

Chimica
Kjemi

Acido	Syre
Alcalino	Alkalisk
Atomico	Atom
Calore	Varme
Carbonio	Karbon
Catalizzatore	Katalysator
Cloro	Klor
Elettrone	Elektron
Enzima	Enzym
Gas	Gass
Idrogeno	Hydrogen
Ione	Ion
Liquido	Væske
Molecola	Molekyl
Nucleare	Nukleær
Organico	Organisk
Ossigeno	Oksygen
Peso	Vekt
Sale	Salt
Temperatura	Temperatur

Cibo #1
Mat #1

Aglio	Hvitløk
Basilico	Basilikum
Cannella	Kanel
Carne	Kjøtt
Carota	Gulrot
Cipolla	Løk
Fragola	Jordbær
Insalata	Salat
Latte	Melk
Limone	Sitron
Menta	Mynte
Orzo	Bygg
Pera	Pære
Rapa	Nepe
Sale	Salt
Spinaci	Spinat
Succo	Juice
Tonno	Tunfisk
Torta	Kake
Zucchero	Sukker

Cibo #2
Mat #2

Banana	Banan
Broccolo	Brokkoli
Ciliegia	Kirsebær
Cioccolato	Sjokolade
Formaggio	Ost
Fungo	Sopp
Grano	Hvete
Kiwi	Kiwi
Mela	Eple
Melanzana	Aubergine
Pane	Brød
Pesce	Fisk
Pollo	Kylling
Pomodoro	Tomat
Prosciutto	Skinke
Riso	Ris
Sedano	Selleri
Uovo	Egg
Uva	Drue
Yogurt	Yoghurt

Circo
Sirkus

Acrobata	Akrobat
Animali	Dyr
Biglietto	Billett
Clown	Klovn
Costume	Kostyme
Elefante	Elefant
Giocoliere	Sjonglør
Intrattenere	Underholde
Leone	Løve
Magia	Magi
Mago	Magiker
Musica	Musikk
Palloncini	Ballonger
Parata	Parade
Scimmia	Ape
Spettacolare	Spektakulær
Spettatore	Tilskuer
Tenda	Telt
Tigre	Tiger
Trucco	Triks

Città
Byen

Aeroporto	Flyplassen
Banca	Bank
Biblioteca	Bibliotek
Cinema	Kino
Clinica	Klinikk
Farmacia	Apotek
Galleria	Galleri
Hotel	Hotell
Libreria	Bokhandel
Mercato	Marked
Museo	Museum
Negozio	Butikk
Panetteria	Bakeri
Ristorante	Restaurant
Scuola	Skole
Stadio	Stadion
Supermercato	Supermarked
Teatro	Teater
Università	Universitet
Zoo	Dyrehage

Corpo Umano
Menneskekroppen

Bocca	Munn
Caviglia	Ankel
Cervello	Hjerne
Collo	Hals
Cuore	Hjerte
Dito	Finger
Faccia	Ansikt
Gamba	Bein
Ginocchio	Kne
Gomito	Albue
Mano	Hånd
Mento	Hake
Naso	Nese
Occhio	Øye
Orecchio	Øre
Pelle	Hud
Sangue	Blod
Spalla	Skulder
Stomaco	Mage
Testa	Hode

Creatività
Kreativitet

Abilità	Ferdighet
Artistico	Kunstnerisk
Autenticità	Autentisitet
Chiarezza	Klarhet
Drammatico	Dramatisk
Emozioni	Følelser
Espressione	Uttrykk
Fluidità	Flyt
Idee	Ideer
Immaginazione	Fantasi
Immagine	Bilde
Impressione	Inntrykk
Intensità	Intensitet
Intuizione	Intuisjon
Inventivo	Oppfinnsom
Ispirazione	Inspirasjon
Sensazione	Følelse
Spontaneo	Spontan
Visioni	Visjoner
Vitalità	Vitalitet

Cucina
Kjøkken

Bacchette	Spisepinner
Bollitore	Kjele
Brocca	Mugge
Cibo	Mat
Ciotola	Bolle
Coltelli	Kniver
Congelatore	Fryser
Cucchiai	Skjeer
Forchette	Gafler
Forno	Ovn
Frigorifero	Kjøleskap
Grembiule	Forkle
Griglia	Grille
Mestolo	Øse
Ricetta	Oppskrift
Spezie	Krydder
Spugna	Svamp
Tazze	Kopper
Tovagliolo	Serviett
Vaso	Krukke

Danza
Danse

Accademia	Akademi
Arte	Kunst
Classico	Klassisk
Compagno	Samboer
Coreografia	Koreografi
Corpo	Kropp
Cultura	Kultur
Culturale	Kulturell
Emozione	Følelse
Espressivo	Uttrykksfull
Gioioso	Gledelig
Grazia	Nåde
Movimento	Bevegelse
Musica	Musikk
Postura	Holdning
Prova	Øving
Ritmo	Rytme
Salto	Hoppe
Tradizionale	Tradisjonell
Visivo	Visuell

Diplomazia
Diplomati

Ambasciata	Ambassade
Ambasciatore	Ambassadør
Cittadini	Borgere
Civico	Civic
Comunità	Samfunnet
Conflitto	Konflikt
Consigliere	Rådgiver
Cooperazione	Samarbeid
Diplomatico	Diplomatisk
Discussione	Diskusjon
Etica	Etikk
Giustizia	Rettferdighet
Governo	Regjering
Integrità	Integritet
Politica	Politikk
Risoluzione	Vedtak
Sicurezza	Sikkerhet
Soluzione	Løsning
Trattato	Traktat
Umanitario	Humanitær

Discipline Scientifiche
Vitenskapelige Disipliner

Anatomia	Anatomi
Archeologia	Arkeologi
Astronomia	Astronomi
Biochimica	Biokjemi
Biologia	Biologi
Botanica	Botanikk
Chimica	Kjemi
Ecologia	Økologi
Fisiologia	Fysiologi
Geologia	Geologi
Immunologia	Immunologi
Linguistica	Lingvistikk
Meccanica	Mekanikk
Meteorologia	Meteorologi
Mineralogia	Mineralogi
Neurologia	Nevrologi
Psicologia	Psykologi
Sociologia	Sosiologi
Termodinamica	Termodynamikk
Zoologia	Zoologi

Ecologia
Økologi

Clima	Klima
Comunità	Samfunn
Diversità	Mangfold
Fauna	Fauna
Flora	Flora
Globale	Global
Habitat	Habitat
Marino	Marine
Montagne	Fjell
Natura	Natur
Naturale	Naturlig
Palude	Myr
Piante	Planter
Risorse	Ressurser
Siccità	Tørke
Sopravvivenza	Overlevelse
Sostenibile	Bærekraftig
Specie	Art
Vegetazione	Vegetasjon
Volontari	Frivillige

Edifici
Bygningsmasse

Ambasciata	Ambassade
Appartamento	Leilighet
Cabina	Hytte
Castello	Slott
Cinema	Kino
Fabbrica	Fabrikk
Fienile	Låve
Hotel	Hotell
Laboratorio	Laboratorium
Museo	Museum
Ospedale	Sykehus
Osservatorio	Observatorium
Ostello	Herberge
Scuola	Skole
Stadio	Stadion
Supermercato	Supermarked
Teatro	Teater
Tenda	Telt
Torre	Tårn
Università	Universitet

Elettricità
Elektrisitet

Attrezzatura	Utstyr
Batteria	Batteri
Cavo	Kabel
Conservazione	Lagring
Elettricista	Elektriker
Elettrico	Elektrisk
Fili	Ledninger
Generatore	Generator
Lampada	Lampe
Lampadina	Pære
Laser	Laser
Magnete	Magnet
Negativo	Negativ
Oggetti	Objekter
Positivo	Positiv
Presa	Stikkontakt
Quantità	Mengde
Rete	Nettverk
Telefono	Telefon
Televisione	Tv

Emozioni
Følelser

Amore	Kjærlighet
Beatitudine	Lykksalighet
Calma	Rolig
Contenuto	Innhold
Gentilezza	Vennlighet
Gioia	Glede
Grato	Takknemlig
Imbarazzato	Flau
Noia	Kjedsomhet
Pace	Fred
Paura	Frykt
Rabbia	Sinne
Rilassato	Avslappet
Rilievo	Lettelse
Simpatia	Sympati
Soddisfatto	Fornøyd
Sorpresa	Overraskelse
Tenerezza	Ømhet
Tranquillità	Ro
Tristezza	Tristhet

Energia
Energi

Ambiente	Miljø
Batteria	Batteri
Benzina	Bensin
Calore	Varme
Carbonio	Karbon
Carburante	Brensel
Diesel	Diesel
Elettrico	Elektrisk
Elettrone	Elektron
Entropia	Entropi
Fotone	Foton
Idrogeno	Hydrogen
Industria	Industri
Inquinamento	Forurensing
Motore	Motor
Nucleare	Nukleær
Rinnovabile	Fornybar
Turbina	Turbin
Vapore	Damp
Vento	Vind

Erboristeria
Urtemedisin

Aglio	Hvitløk
Aneto	Dill
Aromatico	Aromatisk
Basilico	Basilikum
Culinario	Kulinarisk
Dragoncello	Estragon
Finocchio	Fennikel
Fiore	Blomst
Giardino	Hage
Ingrediente	Ingrediens
Lavanda	Lavendel
Maggiorana	Marjoram
Menta	Mynte
Origano	Oregano
Prezzemolo	Persille
Qualità	Kvalitet
Rosmarino	Rosmarin
Timo	Timian
Verde	Grønn
Zafferano	Safran

Escursionismo
Vandring

Acqua	Vann
Animali	Dyr
Campeggio	Camping
Clima	Klima
Mappa	Kart
Montagna	Fjell
Natura	Natur
Orientamento	Orientering
Parchi	Parker
Pericoli	Farer
Pesante	Tung
Pietre	Steiner
Preparazione	Forberedelse
Scogliera	Klippe
Selvaggio	Vill
Sole	Sol
Stanco	Trøtt
Stivali	Støvler
Vertice	Toppmøte
Zanzare	Mygg

Fantascienza
Science Fiction

Atomico	Atom
Cinema	Kino
Distopia	Dystopi
Esplosione	Eksplosjon
Estremo	Ekstrem
Fantastico	Fantastisk
Fuoco	Brann
Futuristico	Futuristisk
Galassia	Galaxy
Illusione	Illusjon
Immaginario	Innbilt
Libri	Bøker
Misterioso	Mystisk
Mondo	Verden
Oracolo	Orakel
Pianeta	Planet
Realistico	Realistisk
Robot	Roboter
Tecnologia	Teknologi
Utopia	Utopi

Fattoria #1
Gården #1

Acqua	Vann
Agricoltura	Landbruk
Ape	Bie
Asino	Esel
Campo	Felt
Cane	Hund
Capra	Geit
Cavallo	Hest
Fertilizzante	Gjødsel
Fieno	Høy
Gatto	Katt
Gregge	Flokk
Maiale	Gris
Miele	Honning
Mucca	Ku
Pollo	Kylling
Recinto	Gjerde
Riso	Ris
Semi	Frø
Vitello	Kalv

Fattoria #2
Gården #2

Agnello	Lam
Agricoltore	Bonde
Alveare	Bikube
Anatra	And
Animali	Dyr
Cibo	Mat
Fienile	Låve
Frutta	Frukt
Frutteto	Frukthage
Grano	Hvete
Irrigazione	Vanning
Lama	Lama
Latte	Melk
Mais	Korn
Maturo	Moden
Orzo	Bygg
Pastore	Hyrde
Pecora	Sau
Prato	Eng
Trattore	Traktor

Filantropia
Filantropi

Bambini	Barn
Bisogno	Trenge
Carità	Veldedighet
Comunità	Samfunnet
Contatti	Kontakter
Finanza	Finans
Fondi	Midler
Generosità	Gavmildhet
Gioventù	Ungdom
Globale	Global
Gruppi	Grupper
Missione	Misjon
Obiettivi	Mål
Onestà	Ærlighet
Persone	Folk
Programmi	Programmer
Pubblico	Offentlig
Sfide	Utfordringer
Storia	Historie
Umanità	Menneskehet

Fiori
Blomster

Gardenia	Gardenia
Gelsomino	Sjasmin
Giglio	Lilje
Girasole	Solsikke
Ibisco	Hibiskus
Lavanda	Lavendel
Lilla	Lilla
Magnolia	Magnolia
Margherita	Tusenfryd
Mazzo	Bukett
Narciso	Påskelilje
Orchidea	Orkidé
Papavero	Valmue
Passiflora	Pasjonsblomst
Peonia	Peon
Petalo	Kronblad
Plumeria	Plumeria
Rosa	Rose
Trifoglio	Kløver
Tulipano	Tulipan

Fisica
Fysikk

Accelerazione	Akselerasjon
Atomo	Atom
Caos	Kaos
Chimico	Kjemisk
Densità	Tetthet
Elettrone	Elektron
Espansione	Utvidelse
Formula	Formel
Frequenza	Frekvens
Gas	Gass
Gravità	Tyngdekraft
Magnetismo	Magnetisme
Meccanica	Mekanikk
Molecola	Molekyl
Motore	Motor
Nucleare	Nukleær
Particella	Partikkel
Universale	Universell
Variabile	Variabel
Velocità	Hastighet

Foresta Pluviale
Regnskogen

Anfibi	Amfibier
Botanico	Botanisk
Clima	Klima
Comunità	Samfunnet
Diversità	Mangfold
Giungla	Jungel
Indigeno	Urfolk
Insetti	Insekter
Mammiferi	Pattedyr
Muschio	Mose
Natura	Natur
Nuvole	Skyer
Preservazione	Bevaring
Prezioso	Verdifull
Restauro	Restaurering
Rifugio	Tilflukt
Rispetto	Respekt
Sopravvivenza	Overlevelse
Specie	Art
Uccelli	Fugler

Forme
Former

Angolo	Hjørne
Arco	Bue
Bordi	Kanter
Cerchio	Sirkel
Cilindro	Sylinder
Cono	Kjegle
Cubo	Kube
Curva	Kurve
Ellisse	Ellipse
Iperbole	Hyperbola
Lato	Side
Linea	Linje
Ovale	Oval
Piramide	Pyramide
Poligono	Polygon
Prisma	Prisme
Quadrato	Torget
Rettangolo	Rektangel
Sfera	Sfære
Triangolo	Trekant

Forniture Artistiche
Kunst Forsyninger

Acqua	Vann
Acquerelli	Akvareller
Acrilico	Akryl
Argilla	Leire
Carbone	Kull
Carta	Papir
Cavalletto	Staffeli
Colla	Lim
Colori	Farger
Creatività	Kreativitet
Gomma	Viskelær
Idee	Ideer
Inchiostro	Blekk
Matite	Blyanter
Olio	Olje
Sedia	Stol
Spazzole	Børster
Tavolo	Bord
Telecamera	Kamera
Vernici	Maling

Forza e Gravità
Kraft og Gravitasjon

Asse	Akser
Attrito	Friksjon
Centro	Sentrum
Dinamico	Dynamisk
Distanza	Avstand
Espansione	Utvidelse
Fisica	Fysikk
Impatto	Innvirkning
Magnetismo	Magnetisme
Meccanica	Mekanikk
Movimento	Bevegelse
Orbita	Bane
Peso	Vekt
Pianeti	Planeter
Pressione	Press
Proprietà	Egenskaper
Scoperta	Oppdagelse
Tempo	Tid
Universale	Universell
Velocità	Hastighet

Frutta
Frukt

Albicocca	Aprikos
Ananas	Ananas
Arancia	Oransje
Avocado	Avokado
Bacca	Bær
Banana	Banan
Ciliegia	Kirsebær
Kiwi	Kiwi
Lampone	Bringebær
Limone	Sitron
Mango	Mango
Mela	Eple
Melone	Melon
Mora	Bjørnebær
Nettarina	Nektarin
Papaia	Papaya
Pera	Pære
Pesca	Fersken
Prugna	Plomme
Uva	Drue

Geografia
Geografi

Altitudine	Høyde
Atlante	Atlas
Città	By
Continente	Kontinent
Emisfero	Halvkule
Fiume	Elv
Isola	Øy
Latitudine	Breddegrad
Longitudine	Lengdegrad
Mappa	Kart
Mare	Hav
Meridiano	Meridian
Mondo	Verden
Montagna	Fjell
Nord	Nord
Ovest	Vest
Paese	Land
Regione	Region
Sud	Sør
Territorio	Territorium

Geologia
Geologi

Acido	Syre
Altopiano	Platå
Calcio	Kalsium
Caverna	Hule
Continente	Kontinent
Corallo	Korall
Cristalli	Crystal
Erosione	Erosjon
Fossile	Fossilt
Geyser	Geysir
Lava	Lava
Minerali	Mineraler
Pietra	Stein
Quarzo	Kvarts
Sale	Salt
Stalagmiti	Stalagmitter
Stalattite	Stalaktitt
Strato	Lag
Terremoto	Jordskjelv
Vulcano	Vulkan

Geometria
Geometri

Altezza	Høyde
Angolo	Vinkel
Calcolo	Beregning
Cerchio	Sirkel
Curva	Kurve
Diametro	Diameter
Dimensione	Dimensjon
Equazione	Ligning
Logica	Logikk
Mediano	Median
Numero	Nummer
Orizzontale	Horisontal
Parallelo	Parallell
Proporzione	Andel
Segmento	Segmentet
Simmetria	Symmetri
Superficie	Flate
Teoria	Teori
Triangolo	Trekant
Verticale	Vertikal

Giardinaggio
Hagearbeid

Acqua	Vann
Botanico	Botanisk
Clima	Klima
Commestibile	Spiselig
Compost	Kompost
Contenitore	Beholder
Esotico	Eksotisk
Fiorire	Blomstre
Floreale	Blomster
Foglia	Blad
Fogliame	Løvverk
Frutteto	Frukthage
Mazzo	Bukett
Semi	Frø
Specie	Art
Sporco	Skitt
Stagionale	Sesongmessig
Suolo	Jord
Tubo	Slange
Umidità	Fuktighet

Giardino
Hage

Albero	Tre
Amaca	Hengekøye
Cespuglio	Busk
Erba	Gress
Erbacce	Ugress
Fiore	Blomst
Frutteto	Frukthage
Garage	Garasje
Giardino	Hage
Pala	Spade
Panca	Benk
Prato	Plen
Rastrello	Rake
Recinto	Gjerde
Stagno	Dam
Suolo	Jord
Terrazza	Terrasse
Trampolino	Trampoline
Tubo	Slange
Vite	Vintreet

Giorni e Mesi
Dager og Måneder

Agosto	August
Anno	År
Aprile	April
Calendario	Kalender
Dicembre	Desember
Domenica	Søndag
Febbraio	Februar
Gennaio	Januar
Giugno	Juni
Luglio	Juli
Lunedì	Mandag
Martedì	Tirsdag
Mercoledì	Onsdag
Mese	Måned
Novembre	November
Ottobre	Oktober
Sabato	Lørdag
Settembre	September
Settimana	Uke
Venerdì	Fredag

Governo
Myndighetene

Capo	Leder
Civile	Sivil
Costituzione	Grunnlov
Democrazia	Demokrati
Discorso	Tale
Discussione	Diskusjon
Giudiziario	Rettslig
Giustizia	Rettferdighet
Indipendenza	Uavhengighet
Legale	Lovlig
Legge	Lov
Libertà	Frihet
Monumento	Monument
Nazionale	Nasjonal
Nazione	Nasjon
Politica	Politikk
Quartiere	Distrikt
Simbolo	Symbol
Stato	Stat
Uguaglianza	Likestilling

Guida
Kjøring

Auto	Bil
Autobus	Buss
Carburante	Brensel
Freni	Bremser
Garage	Garasje
Gas	Gass
Incidente	Ulykke
Licenza	Lisens
Mappa	Kart
Moto	Motorsykkel
Motore	Motor
Pedonale	Fotgjenger
Pericolo	Fare
Polizia	Politi
Sicurezza	Sikkerhet
Strada	Vei
Traffico	Trafikk
Trasporto	Transport
Tunnel	Tunnel
Velocità	Hastighet

I Media
Mediene

Commerciale	Kommersiell
Comunicazione	Kommunikasjon
Digitale	Digitalt
Edizione	Utgave
Educazione	Utdanning
Fatti	Fakta
Finanziamento	Finansiering
Foto	Bilder
Giornali	Aviser
Individuale	Individ
Industria	Industri
Intellettuale	Intellektuell
Locale	Lokal
Online	Online
Opinione	Mening
Pubblicità	Annonser
Pubblico	Offentlig
Radio	Radio
Rete	Nettverk
Televisione	Tv

Imbarcazioni
Båter

Albero	Mast
Ancora	Anker
Barca a Vela	Seilbåt
Boa	Bøye
Canoa	Kano
Corda	Tau
Equipaggio	Mannskap
Fiume	Elv
Kayak	Kajakk
Lago	Innsjø
Mare	Hav
Marea	Tidevann
Marinaio	Sjømann
Marittimo	Maritim
Motore	Motor
Nautico	Nautisk
Onde	Bølger
Traghetto	Ferje
Yacht	Yacht
Zattera	Flåte

Ingegneria
Teknisk

Angolo	Vinkel
Asse	Akser
Calcolo	Beregning
Costruzione	Konstruksjon
Diagramma	Diagram
Diametro	Diameter
Diesel	Diesel
Distribuzione	Distribusjon
Energia	Energi
Forza	Styrke
Leve	Spaker
Liquido	Væske
Macchina	Maskin
Misurazione	Mål
Motore	Motor
Profondità	Dybde
Propulsione	Fremdrift
Rotazione	Rotasjon
Stabilità	Stabilitet
Struttura	Struktur

Jazz
Jazz

Album	Album
Applauso	Applaus
Artista	Kunstner
Canzone	Sang
Compositore	Komponist
Composizione	Sammensetning
Concerto	Konsert
Enfasi	Vekt
Famoso	Berømt
Genere	Sjanger
Improvvisazione	Improvisasjon
Musica	Musikk
Nuovo	Ny
Orchestra	Orkester
Preferiti	Favoritter
Ritmo	Rytme
Stile	Stil
Talento	Talent
Tecnica	Teknikk
Vecchio	Gammel

L'Azienda
Selskapet

Creativo	Kreativ
Decisione	Beslutning
Globale	Global
Industria	Industri
Innovativo	Innovativ
Investimento	Investering
Occupazione	Sysselsetting
Possibilità	Mulighet
Presentazione	Presentasjon
Prodotto	Produkt
Professionale	Profesjonell
Progresso	Framgang
Qualità	Kvalitet
Reddito	Inntekter
Reputazione	Rykte
Rischi	Risiko
Risorse	Ressurser
Salari	Lønn
Tendenze	Trender
Unità	Enheter

Letteratura
Litteratur

Analisi	Analyse
Analogia	Analogi
Aneddoto	Anekdote
Autore	Forfatter
Biografia	Biografi
Conclusione	Konklusjon
Confronto	Sammenligning
Descrizione	Beskrivelse
Dialogo	Dialog
Genere	Sjanger
Metafora	Metafor
Opinione	Mening
Poesia	Dikt
Poetico	Poetisk
Rima	Rim
Ritmo	Rytme
Romanzo	Roman
Stile	Stil
Tema	Tema
Tragedia	Tragedie

Libri
Reserve

Autore	Forfatter
Avventura	Eventyr
Collezione	Samling
Contesto	Kontekst
Dualità	Dualitet
Epico	Episk
Inventivo	Oppfinnsom
Letterario	Litterær
Lettore	Leser
Narratore	Forteller
Pagina	Side
Poesia	Poesi
Rilevante	Aktuell
Romanzo	Roman
Scritto	Skrevet
Serie	Serie
Storia	Historie
Storico	Historisk
Tragico	Tragisk
Umoristico	Humoristisk

Mammiferi
Pattedyr

Balena	Hval
Cane	Hund
Canguro	Kenguru
Cavallo	Hest
Cervo	Hjort
Coniglio	Kanin
Coyote	Prærieulv
Delfino	Delfin
Elefante	Elefant
Gatto	Katt
Giraffa	Sjiraff
Gorilla	Gorilla
Leone	Løve
Lupo	Ulv
Orso	Bjørn
Pecora	Sau
Scimmia	Ape
Toro	Okse
Volpe	Rev
Zebra	Sebra

Matematica
Matematikk

Angoli	Vinkler
Aritmetica	Aritmetikk
Decimale	Desimal
Diametro	Diameter
Divisione	Divisjon
Equazione	Ligning
Esponente	Eksponent
Frazione	Brøkdel
Geometria	Geometri
Parallelo	Parallell
Perimetro	Omkrets
Poligono	Polygon
Quadrato	Torget
Raggio	Radius
Rettangolo	Rektangel
Sfera	Sfære
Simmetria	Symmetri
Somma	Sum
Triangolo	Trekant
Volume	Volum

Meditazione
Meditasjon

Accettazione	Aksept
Attenzione	Oppmerksomhet
Calma	Rolig
Chiarezza	Klarhet
Compassione	Medfølelse
Emozioni	Følelser
Gentilezza	Vennlighet
Gratitudine	Takknemlighet
Mentale	Mental
Mente	Sinn
Movimento	Bevegelse
Musica	Musikk
Natura	Natur
Osservazione	Observasjon
Pace	Fred
Pensieri	Tanker
Postura	Holdning
Prospettiva	Perspektiv
Respirazione	Puste
Silenzio	Stillhet

Meteo
Været

Arcobaleno	Regnbue
Asciutto	Tørr
Atmosfera	Atmosfære
Brezza	Bris
Cielo	Himmel
Clima	Klima
Fulmine	Lyn
Ghiaccio	Is
Monsone	Monsun
Nebbia	Tåke
Nube	Sky
Polare	Polar
Siccità	Tørke
Temperatura	Temperatur
Tempesta	Storm
Tornado	Tornado
Tropicale	Tropisk
Tuono	Torden
Uragano	Orkan
Vento	Vind

Misurazioni
Målinger

Altezza	Høyde
Byte	Byte
Centimetro	Centimeter
Chilogrammo	Kilo
Chilometro	Kilometer
Decimale	Desimal
Grado	Grad
Grammo	Gram
Larghezza	Bredde
Litro	Liter
Lunghezza	Lengde
Metro	Meter
Minuto	Minutt
Oncia	Unse
Peso	Vekt
Pinta	Halvliter
Pollice	Tomme
Profondità	Dybde
Tonnellata	Tonn
Volume	Volum

Mitologia
Mytologi

Archetipo	Arketype
Comportamento	Oppførsel
Creatura	Skapning
Creazione	Skapelse
Credenze	Tro
Cultura	Kultur
Disastro	Katastrofe
Eroe	Helt
Forza	Styrke
Fulmine	Lyn
Gelosia	Sjalusi
Guerriero	Kriger
Immortalità	Udødelighet
Labirinto	Labyrint
Leggenda	Legende
Magico	Magisk
Mortale	Dødelig
Mostro	Monster
Tuono	Torden
Vendetta	Hevn

Moda
Mote

Abbigliamento	Klær
Boutique	Boutique
Caro	Dyrt
Confortevole	Komfortabel
Elegante	Elegant
Minimalista	Minimalistisk
Modello	Mønster
Moderno	Moderne
Modesto	Beskjeden
Originale	Original
Pizzo	Blonder
Pratico	Praktisk
Pulsanti	Knapper
Ricamo	Broderi
Semplice	Enkel
Sofisticato	Sofistikert
Stile	Stil
Tendenza	Trend
Tessuto	Stoff
Trama	Tekstur

Musica
Musikk

Album	Album
Armonia	Harmoni
Armonico	Harmonisk
Ballata	Ballade
Cantante	Sanger
Cantare	Synge
Classico	Klassisk
Coro	Kor
Lirico	Lyrisk
Melodia	Melodi
Microfono	Mikrofon
Musicale	Musikalsk
Musicista	Musiker
Opera	Opera
Poetico	Poetisk
Registrazione	Innspilling
Ritmico	Rytmisk
Ritmo	Rytme
Strumento	Instrument
Vocale	Vokal

Natura
Naturen

Animali	Dyr
Api	Bier
Artico	Arktisk
Bellezza	Skjønnhet
Deserto	Ørken
Dinamico	Dynamisk
Erosione	Erosjon
Fiume	Elv
Fogliame	Løvverk
Foresta	Skog
Ghiacciaio	Isbre
Montagne	Fjell
Nebbia	Tåke
Nuvole	Skyer
Rifugio	Ly
Santuario	Helligdom
Selvaggio	Vill
Sereno	Rolig
Tropicale	Tropisk
Vitale	Viktig

Numeri
Antall

Cinque	Fem
Decimale	Desimal
Diciannove	Nitten
Diciassette	Sytten
Diciotto	Atten
Dieci	Ti
Dodici	Tolv
Due	To
Nove	Ni
Otto	Åtte
Quattordici	Fjorten
Quattro	Fire
Quindici	Femten
Sedici	Seksten
Sei	Seks
Sette	Syv
Tre	Tre
Tredici	Tretten
Venti	Tjue
Zero	Null

Nutrizione
Ernæring

Amaro	Bitter
Appetito	Appetitt
Bilanciato	Balansert
Calorie	Kalorier
Carboidrati	Karbohydrater
Commestibile	Spiselig
Dieta	Diett
Digestione	Fordøyelse
Fermentazione	Gjæring
Liquidi	Væsker
Nutriente	Næringsstoff
Peso	Vekt
Proteine	Proteiner
Qualità	Kvalitet
Salsa	Saus
Salute	Helse
Sano	Sunn
Spezie	Krydder
Tossina	Gift
Vitamina	Vitamin

Oceano
Havet

Anguilla	Ål
Balena	Hval
Barca	Båt
Corallo	Korall
Delfino	Delfin
Gamberetto	Reke
Granchio	Krabbe
Maree	Tidevann
Medusa	Manet
Onde	Bølger
Ostrica	Østers
Pesce	Fisk
Polpo	Blekksprut
Sale	Salt
Scogliera	Rev
Spugna	Svamp
Squalo	Hai
Tartaruga	Skilpadde
Tempesta	Storm
Tonno	Tunfisk

Paesaggi
Landskap

Cascata	Foss
Collina	Ås
Deserto	Ørken
Dune	Sanddynene
Fiume	Elv
Geyser	Geysir
Ghiacciaio	Isbre
Grotta	Hule
Iceberg	Isfjell
Isola	Øy
Lago	Innsjø
Mare	Hav
Montagna	Fjell
Oasi	Oase
Palude	Sump
Penisola	Halvøy
Spiaggia	Strand
Tundra	Tundra
Valle	Dal
Vulcano	Vulkan

Paesi #1
Land #1

Brasile	Brasil
Cambogia	Kambodsja
Canada	Canada
Egitto	Egypt
Finlandia	Finland
Germania	Tyskland
India	India
Iraq	Irak
Israele	Israel
Libia	Libya
Mali	Mali
Marocco	Marokko
Norvegia	Norge
Panama	Panama
Polonia	Polen
Romania	Romania
Senegal	Senegal
Spagna	Spania
Venezuela	Venezuela
Vietnam	Vietnam

Paesi #2
Land #2

Albania	Albania
Danimarca	Danmark
Etiopia	Etiopia
Giamaica	Jamaica
Giappone	Japan
Grecia	Hellas
Haiti	Haiti
Indonesia	Indonesia
Irlanda	Irland
Laos	Laos
Liberia	Liberia
Messico	Mexico
Nepal	Nepal
Nigeria	Nigeria
Pakistan	Pakistan
Russia	Russland
Siria	Syria
Sudan	Sudan
Ucraina	Ukraina
Uganda	Uganda

Pesca
Fiske

Acqua	Vann
Attrezzatura	Utstyr
Barca	Båt
Branchie	Gjeller
Cesto	Kurv
Cucinare	Kokk
Esagerazione	Overdrivelse
Esca	Agn
Filo	Ledning
Fiume	Elv
Gancio	Krok
Lago	Innsjø
Mascella	Kjeve
Oceano	Hav
Pazienza	Tålmodighet
Peso	Vekt
Pinne	Finnene
Spiaggia	Strand
Stagione	Årstid

Piante
Planter

Albero	Tre
Bacca	Bær
Bambù	Bambus
Botanica	Botanikk
Cactus	Kaktus
Cespuglio	Busk
Crescere	Vokse
Edera	Eføy
Erba	Gress
Fagiolo	Bønne
Fertilizzante	Gjødsel
Fiore	Blomst
Flora	Flora
Fogliame	Løvverk
Foresta	Skog
Giardino	Hage
Muschio	Mose
Petalo	Kronblad
Radice	Rot
Vegetazione	Vegetasjon

Professioni #1
Yrker # 1

Allenatore	Trener
Ambasciatore	Ambassadør
Artista	Kunstner
Astronomo	Astronom
Avvocato	Advokat
Ballerino	Danser
Banchiere	Bankier
Cacciatore	Jeger
Cartografo	Kartograf
Editore	Redaktør
Farmacista	Farmasøyt
Geologo	Geolog
Gioielliere	Gullsmed
Idraulico	Rørlegger
Infermiera	Sykepleier
Musicista	Musiker
Pianista	Pianist
Psicologo	Psykolog
Scienziato	Forsker
Veterinario	Veterinær

Professioni #2
Yrker # 2

Astronauta	Astronaut
Bibliotecario	Bibliotekar
Biologo	Biolog
Chirurgo	Kirurg
Dentista	Tannlege
Filosofo	Filosof
Fotografo	Fotograf
Giardiniere	Gartner
Giornalista	Journalist
Illustratore	Illustratør
Ingegnere	Ingeniør
Insegnante	Lærer
Inventore	Oppfinner
Investigatore	Etterforsker
Linguista	Lingvist
Medico	Lege
Pilota	Pilot
Pittore	Maler
Ricercatore	Forsker
Zoologo	Zoolog

Psicologia
Psykologi

Appuntamento	Avtale
Clinico	Klinisk
Cognizione	Kognisjon
Comportamento	Oppførsel
Conflitto	Konflikt
Ego	Ego
Emozioni	Følelser
Esperienze	Erfaringer
Idee	Ideer
Inconscio	Bevisstløs
Infanzia	Barndom
Influenze	Påvirkninger
Pensieri	Tanker
Percezione	Oppfatning
Personalità	Personlighet
Problema	Problem
Realtà	Virkelighet
Sensazione	Følelse
Terapia	Terapi
Valutazione	Vurdering

Ristorante #1
Restaurant #1

Allergia	Allergi
Caffè	Kaffe
Cameriera	Servitør
Carne	Kjøtt
Cassiere	Kasserer
Cibo	Mat
Ciotola	Bolle
Coltello	Kniv
Cucina	Kjøkken
Dessert	Dessert
Ingredienti	Ingredienser
Menù	Meny
Pane	Brød
Piatto	Tallerken
Piccante	Krydret
Pollo	Kylling
Prenotazione	Reservasjon
Salsa	Saus
Tovagliolo	Serviett

Ristorante #2
Restaurant # 2

Acqua	Vann
Aperitivo	Forrett
Bevanda	Drikk
Cameriere	Kelner
Cena	Middag
Cucchiaio	Skje
Delizioso	Deilig
Forchetta	Gaffel
Frutta	Frukt
Ghiaccio	Is
Insalata	Salat
Minestra	Suppe
Pesce	Fisk
Pranzo	Lunsj
Sale	Salt
Sedia	Stol
Spezie	Krydder
Torta	Kake
Uova	Egg
Verdure	Grønnsaker

Salute e Benessere #1
Helse og Velvære #1

Abitudine	Vane
Altezza	Høyde
Attivo	Aktiv
Batteri	Bakterie
Clinica	Klinikk
Fame	Sult
Farmacia	Apotek
Frattura	Brudd
Medicina	Medisin
Medico	Lege
Muscoli	Muskler
Nervi	Nerver
Ormoni	Hormoner
Pelle	Hud
Postura	Holdning
Riflesso	Refleks
Rilassamento	Avslapning
Terapia	Terapi
Trattamento	Behandling
Virus	Virus

Salute e Benessere #2
Helse og Velvære #2

Allergia	Allergi
Anatomia	Anatomi
Appetito	Appetitt
Caloria	Kalori
Corpo	Kropp
Dieta	Diett
Digestione	Fordøyelse
Disidratazione	Dehydrering
Energia	Energi
Genetica	Genetikk
Igiene	Hygiene
Infezione	Infeksjon
Malattia	Sykdom
Massaggio	Massasje
Nutrizione	Ernæring
Ospedale	Sykehus
Peso	Vekt
Sangue	Blod
Sano	Sunn
Vitamina	Vitamin

Scienza
Vitenskap

Atomo	Atom
Chimico	Kjemisk
Clima	Klima
Dati	Data
Esperimento	Eksperiment
Evoluzione	Evolusjon
Fatto	Faktum
Fisica	Fysikk
Fossile	Fossilt
Gravità	Tyngdekraft
Ipotesi	Hypotese
Laboratorio	Laboratorium
Metodo	Metode
Minerali	Mineraler
Molecole	Molekyler
Natura	Natur
Organismo	Organisme
Osservazione	Observasjon
Particelle	Partikler
Scienziato	Forsker

Spezie
Krydder

Aglio	Hvitløk
Amaro	Bitter
Anice	Anis
Cannella	Kanel
Cardamomo	Kardemomme
Cipolla	Løk
Coriandolo	Koriander
Cumino	Spisskummen
Curcuma	Gurkemeie
Curry	Karri
Dolce	Søt
Finocchio	Fennikel
Liquirizia	Lakris
Noce Moscata	Muskat
Paprika	Paprika
Pepe	Pepper
Sale	Salt
Vaniglia	Vanilje
Zafferano	Safran
Zenzero	Ingefær

Strumenti Musicali
Musikkinstrumenter

Armonica	Munnspill
Arpa	Harpe
Banjo	Banjo
Chitarra	Gitar
Clarinetto	Klarinett
Fagotto	Fagott
Flauto	Fløyte
Gong	Gong
Mandolino	Mandolin
Marimba	Marimba
Oboe	Obo
Percussione	Perkusjon
Pianoforte	Piano
Sassofono	Saksofon
Tamburello	Tamburin
Tamburo	Tromme
Tromba	Trompet
Trombone	Trombone
Violino	Fiolin
Violoncello	Cello

Tempo
Tid

Anno	År
Annuale	Årlig
Calendario	Kalender
Decennio	Tiår
Dopo	Etter
Futuro	Fremtid
Giorno	Dag
Ieri	I Går
Mattina	Morgen
Mese	Måned
Mezzogiorno	Middagstid
Minuto	Minutt
Notte	Natt
Oggi	I Dag
Ora	Time
Orologio	Klokke
Presto	Snart
Prima	Før
Secolo	Århundre
Settimana	Uke

Tipi di Capelli
Hårtyper

Argento	Sølv
Asciutto	Tørr
Bianco	Hvit
Biondo	Blond
Breve	Kort
Calvo	Skallet
Colorato	Farget
Grigio	Grå
Intrecciato	Flettet
Liscio	Glatt
Lungo	Lang
Marrone	Brun
Morbido	Myk
Nero	Svart
Riccio	Krøllet
Riccioli	Krøller
Sano	Sunn
Sottile	Tynn
Spessore	Tykk
Trecce	Fletter

Uccelli
Fugler

Airone	Hegre
Anatra	And
Aquila	Ørn
Cicogna	Stork
Cigno	Svanen
Cuculo	Gjøk
Falco	Hauk
Fenicottero	Flamingo
Gabbiano	Måke
Oca	Gås
Pappagallo	Papegøye
Passero	Spurv
Pavone	Påfugl
Pellicano	Pelikan
Piccione	Due
Pinguino	Pingvin
Pollo	Kylling
Struzzo	Struts
Tucano	Toucan
Uovo	Egg

Universo
Universet

Asteroide	Asteroide
Astronomia	Astronomi
Astronomo	Astronom
Atmosfera	Atmosfære
Buio	Mørke
Celeste	Himmelsk
Cielo	Himmel
Cosmico	Kosmisk
Emisfero	Halvkule
Galassia	Galaxy
Latitudine	Breddegrad
Longitudine	Lengdegrad
Luna	Måne
Orbita	Bane
Orizzonte	Horisont
Solare	Solar
Solstizio	Solverv
Telescopio	Teleskop
Visibile	Synlig
Zodiaco	Dyrekretsen

Vacanze #2
Ferie # 2

Aeroporto	Flyplassen
Campeggio	Camping
Destinazione	Destinasjon
Foto	Bilder
Hotel	Hotell
Isola	Øy
Mappa	Kart
Mare	Hav
Passaporto	Pass
Ristorante	Restaurant
Spiaggia	Strand
Straniero	Utlending
Taxi	Taxi
Tempo Libero	Fritid
Tenda	Telt
Trasporto	Transport
Treno	Tog
Vacanza	Ferie
Viaggio	Reise
Visto	Visum

Veicoli
Kjøretøy

Aereo	Fly
Ambulanza	Ambulanse
Auto	Bil
Autobus	Buss
Barca	Båt
Bicicletta	Sykkel
Camion	Lastebil
Caravan	Campingvogn
Elicottero	Helikopter
Metropolitana	T
Motore	Motor
Pneumatici	Dekk
Razzo	Rakett
Scooter	Scooter
Sottomarino	Undervannsbåt
Taxi	Taxi
Traghetto	Ferje
Trattore	Traktor
Treno	Tog
Zattera	Flåte

Verdure
Grønnsaker

Aglio	Hvitløk
Broccolo	Brokkoli
Carciofo	Artisjokk
Carota	Gulrot
Cetriolo	Agurk
Cipolla	Løk
Fungo	Sopp
Insalata	Salat
Melanzana	Aubergine
Patata	Potet
Pisello	Ert
Pomodoro	Tomat
Prezzemolo	Persille
Rapa	Nepe
Ravanello	Reddik
Scalogno	Sjalottløk
Sedano	Selleri
Spinaci	Spinat
Zenzero	Ingefær
Zucca	Gresskar

Vestiti
Klær

Abito	Kjole
Braccialetto	Armbånd
Camicetta	Bluse
Camicia	Skjorte
Cappello	Hatt
Cappotto	Frakk
Cintura	Belte
Collana	Halskjede
Giacca	Jakke
Gonna	Skjørt
Grembiule	Forkle
Guanti	Hansker
Jeans	Jeans
Maglione	Genser
Moda	Mote
Pantaloni	Bukse
Pigiama	Pyjamas
Sandali	Sandaler
Scarpa	Sko
Sciarpa	Skjerf

Congratulazioni

Ce l'hai fatta!

Speriamo che questo libro vi sia piaciuto tanto quanto a noi è piaciuto concepirlo. Ci sforziamo di creare libri della più alta qualità possibile.
Questa edizione è progettata per fornire un apprendimento intelligente, di qualità e divertente!

Le è piaciuto questo libro?

Una Semplice Richiesta

Questi libri esistono grazie alle recensioni che pubblicate.

Puoi aiutarci lasciando una recensione
ora a questo link ?

BestBooksActivity.com/Recensioni50

SFIDA FINALE!

Sfida n°1

Sei pronto per il tuo gioco gratuito? Li usiamo sempre, ma non sono così facili da trovare - ecco i **Sinonimi!**

Scrivi 5 parole che hai trovato nei puzzle (n° 21, n° 36, n° 76) e prova a trovare 2 sinonimi per ogni parola.

Scrivi 5 parole del ***Puzzle 21***

Parole	Sinonimo 1	Sinonimo 2

Scrivi 5 parole del ***Puzzle 36***

Parole	Sinonimo 1	Sinonimo 2

Scrivi 5 parole del ***Puzzle 76***

Parole	Sinonimo 1	Sinonimo 2

Sfida n°2

Ora che ti sei riscaldato, scrivi 5 parole che hai trovato nei puzzle n° 9, n° 17 e n° 25 e cerca di trovare 2 contrari per ogni parola. Quanti ne puoi trovare in 20 minuti?

Scrivi 5 parole del ***Puzzle 9***

Parole	Antonimo 1	Antonimo 2

Scrivi 5 parole del ***Puzzle 17***

Parole	Antonimo 1	Antonimo 2

Scrivi 5 parole del ***Puzzle 25***

Parole	Antonimo 1	Antonimo 2

Sfida n°3

Grande! Questa sfida  non è niente per te!

Pronto per la sfida finale? Scegli 10 parole che hai scoperto nei diversi puzzle e scrivile qui sotto.

1.	6.
2.	7.
3.	8.
4.	9.
5.	10.

Ora scrivi un testo pensando a una persona, un animale o un luogo che ti piace.

Puoi usare l'ultima pagina di questo libro come bozza.

La tua composizione:

TACCUINO:

A PRESTO!

Tutta la Squadra

www.ingramcontent.com/pod-product-compliance
Lightning Source LLC
Chambersburg PA
CBHW082048120626
46553CB00011B/3318
* 9 7 9 8 8 9 6 7 0 6 6 5 6 *